JN262076

企業の
コミュニケーション
能力

近藤久美子 著
Kumiko Kondo

仕事は単語，キャリアは言語，
CSRとCSVは文法

CSR/CSV

Corporate Social Responsibility /
Creating Shared Value

ナカニシヤ出版

はじめに

いま企業が，国内外で求められていること

　「企業が，私たち学生に求めていることって……いったい，なんだろう？」この問いに直球で応えようと頑張っている就活生は，多いかもしれない。

　ところが逆の視点から，「企業が，いま（国内外の）地域社会から求められていることは，何か？」について考えながら業界・企業研究をしている学生は，案外少ないのではないだろうか……？　このような疑問を抱いていたときに，一般教養科目の担当となったことが，本書を執筆するきっかけであった。

　これまで，特に米国では，株主重視の企業経営が主流とされてきた。

　ところが近年，従業員へのキャリア支援のあり方（新しい働き方や，キャリア・パスの開発），そして，その効果が着目され始めている。

　例えば，グローバル人材を育てるために「留職（就職後，途上国のNPOなどで一定期間従事する仕組み）」を開始した複数の企業（多田 2012）や，全社員の労働時間を8時間から6時間にして，仕事の効率化とWLB（ワークライフ・バランス：労働と生活のバランス）を高めようと試みている国内の事例（原 2012）も，興味深い。また，新卒者にも通年採用を導入する動きがみられ，今後の日本における労働市場・雇用システムに大きな社会的変化をもたらすきっかけとなるかもしれない。

「見るユメ」と「持つユメ」のあいだで揺れる就活生たち

　誰しも幼い頃，一度は，「将来，何になりたいの？」と，「夢」について聞かれたことがあるのではないだろうか。

　残念ながら，年を重ねるにつれ，「夢ばかり見てないで，もっと現実を見なさい！」と諭される場面が増えていく。

　さまざまな事柄を見聞きし，学びのなかで夢を見ているうちはいいが，それを実際の行動に移そうとする段階で，社会と学校とのギャップに翻弄される就

活生・既卒者は，多いのではないか…と思う。

　小さい頃からさまざまな夢を見て成長し，就活の第一段階であるES（エントリー・シート：企業への就職申込用紙）では，本人の夢・希望を書くようなテーマが，次から次へと与えられる。そして，学業との両立で忙しいなか，必死で準備をした面接では，入社後に実現させたい自身のvisionを多いに語ることとなる。

　しかし，専門職採用でもない限り，希望する部署で将来活躍できる人は，ほんの一握りなのだから仕方がないのか……「夢を見るのは子どもの時だけで，夢を持つこと自体，贅沢なのだ」と，次第に"社会人"として生きていくことを，余儀なくされるケースは，決して少なくないだろう。

　このように夢を持ちたくても持てない今の時代と，相反する概念が提唱された。それが本書のテーマであるCSV（Creating Shared Value）経営と，呼ばれるものだ。

「CSV（共通価値の創造）戦略」：ユメを持たせる新ビジネス戦略

　（CSVと言えば，おそらく，職場で使用されるCSV形式ファイルという名称の方が，浸透していると思われるが……）近年，「多くの人に夢を持たせるCSV経営戦略」が，国内外のビジネス・リーダーに注目されている。

　本書で扱うCSVは，"Creating Shared Value（共通価値の創造）"の略で，"進化型"のCSR（企業の社会的責任）を指す。

　では，これまでのCSRと，いったい何が違うのか？

　詳細は本文に譲るが，従来のCSR活動は「企業の慈善活動の一環」として，ステークホルダー（利害関係者）に夢を与え，間接的にそれをサポートしてきた。

　一方，CSV経営では，企業が国内外のコミュニティの繁栄に向け，自らが戦略的に取り組む。まず，ステークホルダーが夢を持って主体的に生活できるよう，企業が（主に途上国の）基盤整備を進める。

　次に，この整備事業と連動する形で，地域経済の発展に資するビジネス・モデルを拡大していく。

　このように，CSVのビジネス・モデルでは，地域住民もメリットを実感でき

る具体的な「夢への手順」が未来予想図に含まれるため，CSV（共通価値の創造）は，「共益の創造」と訳されることもある。

本書の目的と構成

本書は，学際的な CSV 経営というテーマの全体像を，下記の3点を意識し，伝えるよう心掛けた。

1) 一般教養としての CSR と CSV（進化型 CSR）経営

   国内外における企業事例だけでなく，日常の生活のなかで感じたことを通じて，多様な専攻分野の人々がそれぞれの視点から，このテーマを考えられるようなきっかけを提供する。

表A　5つの生産要素と各章のつながり

	Natural Resources	Human Resources	Capital Goods	Entrepreneurship	Knowledge	その他
	自然資源	人的資源	資本財（生産機械・設備等）	起業家精神	ナレッジ（知識・付加価値情報）	
Class 1		○				○
Class 2		○	○			
Class 3	○		○			
Class 4	○				○	
Class 5	○					
Class 6	○	○				
Class 7	○					
Class 8						○
Class 9	○				○	
Class 10	○	○				
Class 11				○		
Class 12		○		○		
Class 13		○	○	○	○	
Class 14		○				

出典：筆者作成

2)「CSRとCSVの共進化によって，私たちは何を享受するのか？」
各章の問い（14の設問）に答えながら，上記の問いを模索する。
3) 5つの生産要素（Factors of Production）との関連性（表A）
CSR/CSV経営がもたらす，中・長期的影響を考えるために，各章と「5つの生産要素（自然資源・人的資源・資本財・起業家精神・ナレッジ）」のつながりを1つの参考指標として，理解を促す。

さまざまな分野で，新しいアイデアの源泉が川となって流れはじめるが，いつしか枯れ果て，「共通価値の創造（CSV）」として，消費者が身近に感じることができない状態になってしまうことは，珍しくない。

このように，CSV経営を既に実践しているにもかかわらず，「CSR活動の一環」だと過小評価されている事例に'気付く力（CSVリテラシー）'を身に付けることも大切だろう。

本書（3部構成）の概要は，下記のとおりである。

PART Ⅰ　CSR（企業の社会的責任）の変遷
　　CSVビジネス戦略の基礎となるCSRの分類を紹介する。さらに，「労働・環境問題・消費者とのつながり」という観点からも，CSRを概観する。

PART Ⅱ　CSV（共通価値の創造）戦略：進化型CSRの誕生
　　CSR3.0の上を目指す国内外の企業を紹介し，日本版CSV経営の可能性を考察する。

PART Ⅲ　起業家精神とインセンティブの活用
　　CSV経営の核となる，ビジネス・リーダーの資質や役割について，起業家の特徴や，環境・労働分野におけるインセンティブの例から学ぶ。

CSVは，"Old wine in a new bottle"ではない

ビジネス理論は，「先進的企業のノウハウを読み解く」という視点以上に，普段から耳にする「若者と雇用，スキルと働き方」のような人生の普遍的な，テーマを考えるヒントにもなりえると，感じている。

当初，「CSV・CSR（企業の社会的責任）：就活の前に考えること」を一般教養科目として履修する学部1・2年生を想定していたが，より幅広い層にも，関

連するトピックが含まれているかもしれない（例えば，企業・教育機関等における採用・キャリア支援のご担当者；自治体で雇用・環境対策に従事されている方；就活中の大学院生；就職と進学の間で迷っている学部の上級生；大学院に再入学を希望している社会人の方など）。

　現在，岐路に立つ多くの若者が「進化するワーク・スタイルと，これからの社会との関わり」を真摯に受け止めるきっかけとなり，今後の日本そして諸外国における社会・経済システムの発展に，少しでも貢献することができれば，と切に願う。

　CSV は，CSR という既存のコンセプトを，新しい容器に移し替えただけの"Old wine in a new bottle"ではない。

　また，CSV は CSR を淘汰するのではなく，双方向に進化していく可能性も秘めている。国内外の事例を通じて，CSV と日常生活の接点を感じ取っていただくことができれば嬉しい。

　本書の刊行にあたり，多大なご協力をいただきました（株）ナカニシヤ出版編集部宍倉由高様をはじめ関係者の皆様に心より深く感謝申し上げます。

2013 年 4 月

近藤　久美子

目次

はじめに　*i*

PART I　CSR（企業の社会的責任）の変遷 ─ *1*

Class 1: CSR（Corporate Social Responsibility）とは ─ *3*
1. なぜ，就活前に CSR を学ぶのか？：
   一般教養としての CSR と CSV　*3*
2. 教育現場でのエピソード：
   「疑問の持ち方を教えてください!?」　*7*
3. 「見せかけの CSR」：
   "Greenwash" とは？　*9*

Class 2: 労働 CSR ─ *13*
1. 労働と CSR　*13*
2. 企業説明会から，CSR は始まっている　*14*
3. マズローの欲求階層説と採用活動　*19*
4. 「採用の筆記試験づくり」が，今も CSR？：
   CSR の進化と退化を考える　*21*
5. 「オフィス改革」という CSR　*24*
6. 日本の労働市場の現状と課題：
   働きやすさと働き甲斐　*27*

Class 3: 環境問題と CSR ─ *29*
1. 世界の水資源　*29*
2. 「本業と寄付」を結ぶ CSR マーケティング：
   Cause-Related Marketing（CRM）　*32*
3. ユニセフとのタイアップ（CRM）：
   「nepia 千のトイレ・プロジェクト」　*33*
4. 日本の民生（家庭・業務）部門でみられる矛盾：
   ジェボンズ・パラドックス　*35*

Class 4: 消費者とCSR — 39
1. コミュニケーション能力の迷走　39
2. 「環境ブランド調査」と「CSR評価ランキング」　41
3. 「見える化」を通じた消費者とのつながり　48

PART Ⅱ　CSV（共通価値の創造）戦略：進化型CSRの誕生 — 53

Class 5: CSV（Creating Shared Value）とは — 55
1. 「フェアトレード」はCSRなのに，CSVではない理由　55
2. CSV戦略のデザイン性：ネスレの環境と労働の組合せ　59
3. アマゾンにおける農業支援とCSV：
　　明治の「アグロフォレストリー・チョコレート」　60
4. 「身近な」共通価値の創造戦略：社内で共有する価値の例　62

Class 6: 日本版CSVの可能性 — 65
1. 日本版CSVの規定要因　65
2. ブルー・オーシャン戦略とVRIOフレームワーク　66
3. インターンシップがCSVとなるには？：未来の人材育てる場に　69
4. これからの大学院生の働き方：専門性と学際性の両立　71
5. 職種の多様性と学際的グリーン・ジョブの拡大　73

Class 7: 企業広告とレポートの事例 — 77
1. マラリアから子どもたちを守る「ハイテクな蚊帳」：
　　住友化学「オリセット・ネット」　77
2. 世界の浄水場で稼働する水処理の技術：
　　旭化成「マイクローザ」　78
3. 「未来の森づくりへつながる家」による「地球規模の循環」：
　　住友林業「環境共生広告ギャラリー」　79
4. CSR・CSVレポートのなかの環境報告　80
5. 環境・CSR（CSV）レポート：
　　東京海上グループのe-CSR報告書とE-book　82
6. CSR・CSVレポートと雇用循環　84

Class 8: 企業分析のフレームワーク — 87
1. SWOT分析とTOWSマトリックス　87

2. SFAS マトリックス：
　　　　EFAS Table と IFAS Table の組合せ　*90*
　　3. 非顧客だった「視力の良い人に，メガネを売る」：
　　　　ジェイアイエヌの JINS PC　*93*

Class 9: 企業のケーススタディ（海外から日本へ） ───────── *97*
　　1. スマート・シティに挑む CSV 企業 (1)：
　　　　IBM の「スマーター・シティ構想」と「Smarter Cities Challenge」
　　　　97
　　2. スマート・シティに挑む CSV 企業 (2)：
　　　　GE の「エコマジネーション」と「ヘルシーマジネーション」　*99*
　　3.「コンパクト・シティ」と「スマート・シティ」の両立　*101*
　　4. 学際性の価値　*104*

Class 10: 企業のケーススタディ（日本から海外へ） ───────── *107*
　　1. 海外から注目される，国内の身近なシステム：
　　　　JFE エンジニアリングの「サイクルツリー」　*107*
　　2. 企業のコラボレーション：
　　　　平和堂「えこすぽっと」と明和製紙原料　*108*
　　3. 出張授業・工場見学・企業ミュージアムでの学び　*110*
　　4. 企業のコラボと CSV：
　　　　Fast Retailing（ユニクロ）とグラミン銀行の「Grameen UNIQLO」
　　　　114

PART Ⅲ　起業家精神とインセンティブの活用 ───────── *117*

Class 11: 起業家の特徴について ───────── *119*
　　1. 起業家の 3 つのタイプ　*119*
　　2. 起業家の活動がもたらす社会的な変化：CSV 経営との共通点　*121*
　　3. リーダーの種類：
　　　　裁量を与える後方支援型のリーダー　*122*

Class 12: 海外の起業家・企業経営者から学ぶ ───────── *129*
　　1. 開拓者，そして Change Agent としての企業再生：
　　　　スターバックス会長兼 CEO ハワード・シュルツ　*129*
　　2. 北欧から進出した IKEA：

　　　　17 歳の起業家から始まった，理念の共有力　*133*
　　3. 共有力を高めるための「こだわらない力」と「慣れない力」　*136*

Class 13: 日本の起業家・企業経営者から学ぶ ―――― *141*
　　1. Classic Entrepreneur と Intrapreneur の融合：
　　　　島精機の「創造力」　*141*
　　2. Change Agent からのメッセージ　*143*
　　3. 企業経営者の着眼点：
　　　　コマツのコミュニケーション改革　*147*

Class 14: 労働・教育・環境分野のインセンティブ ―――― *151*
　　1. インセンティブ・プログラムについて　*151*
　　2. 職場・教育現場におけるインセンティブの活用　*153*
　　3. 環境分野におけるインセンティブの活用　*159*

Appendix: 中小企業（SMEs）における CSV 経営 ―――― *163*
　　1. エコ名刺で海外の雇用創出：
　　　　丸吉日新堂印刷（株）　*163*
　　2. 風で織るタオル：
　　　　池内タオル（株）　*166*
　　3. 高度専門人材の活躍の場を広げる SME：
　　　　（株）アカリク　*167*
　　4. 世界に羽ばたく日本の中小企業（SMEs）　*169*

結びにかえて　*173*
図表一覧　*176*
参考文献　*177*
索　　引　*195*

PART I
CSR（企業の社会的責任）の変遷

Class 1
CSR（Corporate Social Responsibility）とは

Q1. CSR に対する 4 視点のなかで，注意すべきものは？

1. なぜ，就活前に CSR を学ぶのか？
一般教養としての CSR と CSV

　通勤中，さまざまなビジネス・パーソンの学ぶ姿に遭遇する。

　夕刻の満員電車で，扉近くの壁にもたれかかりながら，米国の実業家として知られるカーネギー著『人を動かす』の世界にどっぷりとつかりきっている人や，中小企業診断士といった資格試験の問題集に没頭している乗客もいて，車内の騒々しい環境をものともしない彼らの集中力には驚かされることが多い。

　社会人向けの書籍が並ぶビジネス・コーナーで，CSR や CSR 検定という言葉を含むタイトルが見られるようになって久しく，大型書店では，専用のセクションが設けられているケースも増えてきている。

　さまざまな場面で，「企業の社会的責任」という訳語を付さずに CSR が取り上げられることが増えたのは，それを実践する企業が増え，社会に浸透したコンセプトとなった証かもしれない。ところが，就職活動前の学生たちが，「（企業を含む）組織と社会とのつながり」を学ぶ機会が十分に与えられていないのは，少し残念な気もする。

　「チャンスは皆に与えられているが，それに気づいてチャンスを生かせるか否かは，それまでの本人の準備にかかっている」と，聞いたことがある。

　もし，早い段階で CSR や CSV（共通価値の創造）経営の事例に触れておくことができれば，忙しい就活の渦・職場の常識に巻き込まれる前に，多様なキャリア・パスを模索するための準備のひとつになるのではないかと考えるようになった。

　このような考えに至った背景には，最近，既卒者が転職相談のために大学を

訪れたり，卒業後も引き続き学内の求人情報サイトへのアクセスを希望する人が増えているという傾向がみられ，少なからず影響しているかもしれない。

就職後のキャリア・パスを他者（組織内の誰か）にゆだねるのもひとつの方法ではあるが，CSR や CSV 経営のような新しいビジネス・モデルを模索する起業家・企業家の事例からは，主体的に人生を築こうとする人々のストーリーが見えてくる。起業することはなくとも，いずれチーム・リーダーになるような場面は考えられ，参考になる部分もあると思う。

もう，大企業に就職すれば一生安泰という時代ではなくなってしまったが，それを嘆いたり，周囲をうらやんでみても，何の解決にもならない。

あまり難しく考え過ぎず，自分とは直接関係ないと思いがちな，一般教養を学ぶという行動は，案外（将来，想像もしなかった状況に直面した時に）自身のキャリア形成への意欲を開花させる，種まきのような役割を果たすことがあるのかもしれないと，私は感じている。

故スティーブ・ジョブズ氏が，若い頃にカリグラフィー（デザイン書道）の授業で得た知識を活かし，その後，競合他社とは異なるスタイリッシュな商品デザインの発想を開花させたことは，あまりに有名だ。

本書では，身近な気づきを踏まえながら，CSR と CSV の背景と事例について，Class 1 〜 14 でまとめていく。

今回は，（CSV の原点である）CSR の背景と，CSR に対する異なる視点について紹介する。

1-1. 慈善事業を超えた「利益追求」と「社会貢献」の両立

CSR の取り組みというのは，端的に言えば，「企業が行う社会貢献活動」を指す（近年では，寄付・フィランソロピー・メセナといった，慈善活動に限ったものではなく，CSR をビジネス戦略の一環として位置付けている企業も多い。そして，さらに進化したものが CSV である（Class 5 参照））。

例えば，人が市民として生きていくうえで「権利と義務」があるように，企業にも「利益追求と社会貢献の両立を図る」という，コミュニティの一員としての自覚が欠如していたのではないか？と，問題提起されるようになってきた。

そのため，CSR 活動は，良い「企業市民（corporate citizen）」を目指すため

の一連の社会貢献活動と言うこともできる。

1-2. CSR が注目された背景：地域社会とグローバル社会

　企業が（ビジネスを展開するコミュニティに限定しない），さらに広域に住む人々との関わりを意識するようになった大きなきっかけは，「グローバリゼーション」である。

　グローバリゼーションが進むことにより，「ヒト・モノ・カネ」という経済活動に不可欠な要素が国境を越え，それらの流動性も高くなっていく。その結果，多くの企業において海外の労働者を雇うことが増える。また，情報も飛び交うため，企業は国内外の人々に対する労働条件・職場環境等に一層の注意を払わなければならなくなった。

　今日，幅広いステークホルダー（利害関係者：消費者，従業員，地域社会・グローバル社会，取引先，株主など）に対して，責任ある事業展開を行うことを経営の軸と位置付けている企業は多い。

1-3. 企業・教育機関の共通課題と CSV リテラシー

　「枠にハマらない人材育成が，大きな課題である」と冨澤龍一氏（三菱ケミカルホールディングス会長）は述べる（冨澤 2012）。

　通常，社員は先輩から仕事を教わるが，「その時点で既に，その人の枠にハマってしまうのではないか？」という懸念である。

　確かに，良い事例や人を見習うことで得るものは大きいが，その成功体験に頼り過ぎるようになると，周囲の変化にも鈍感になり，対応全体がマンネリ化していく。

　新しい発想のヒントになるかもしれない疑問が，あっという間に払拭されてしまうような組織体制では，CSR が（国内外のステークホルダーを対象とした魅力的な）CSV へと発展していくことは難しい。

　冨澤氏もインタビューで発言されたように，「枠にハマらない人材育成」は，企業内に限らず，日本の教育現場にも共通する課題であり，「素朴な疑問を，スルーしない自分をつくる」という目標は，キャリア形成支援の大切な部分でもあるのだろう。

私は，これまで複数の大学で学生たちと出会う機会に恵まれた。多くの日本の大学生は，相手に合わすことに長けているように見受けられる。相手との距離感を推し量るスキルが，小さい頃から身に付いているため，何をどのタイミングで言えば，相手に気に入ってもらえるかが，瞬時に分かるらしい。

　この'過度な'協調性・サービス精神ともいえるスキルの習得と引き換えに，彼らは疑問を抱きながらも，それを表に出すことを遠慮する癖がついてしまっている印象を受ける。教員から見れば，このような学生は扱いやすい。

　しかし，無意識のうちに「良い子」という枠にハマっている姿に，これまで，いかに周囲の目・ルールに縛られながら耐え抜いてきたのだろう…と思うと，うかつに就活生に「がんばれ」と声を掛けるのもはばかられる。

　彼らは，もう十分過ぎるほどに頑張っている。ただ，その頑張り方が問題なのだ。多くの就活生が苦渋を味わう理由は，おそらく社会情勢や人材の需給バランスの影響だけではないだろう。

　話を聞いていると，彼らが，面接官の想定する模範解答に合わせ過ぎて，「"本人のオリジナリティ"が見えづらくなっているのではないか」と感じてしまうこともある（オリジナリティの有無は，学生への論文指導では重視されるが，キャリア支援の場面ではいまだ不十分な面は否めない）。

　自分自身の中の疑問に真摯に向き合うことは，単なる就活での「自己PR対策」を意味しているのではない。彼らの新しい視点が，未来のさまざまな組織における「CSV（CSRの進化）」のカギを握るのだと感じている。

　新しい風を受け入れ，既存の枠を見直す体制を模索し続けなければ，いくら成功事例をもとに啓発活動（empowerment）を実践しても，社内外のステークホルダーの理解を深めるような成果へと結び付けることは難しい。彼らの支持を得るためには，①「おもしろい発想や取り組み」が，②「中核事業（コア・ビジネス）の発展」と結びつき，③「企業が掲げるvisionを達成する」という，一連の流れを創出することが求められる（②と結びついたものはCSR，③と結びついたものはCSVと解釈することもできる）。

　「この街に，この企業がなくなったら困る」「いつか，あの企業も来てほしい」という地域社会のニーズを察知し，各組織のオリジナリティやVisionと融合させていく力も，CSVリテラシーの一環と言えるだろう。

2. 教育現場でのエピソード
「疑問の持ち方を教えてください!?」

　経営学の教科書では，ビジネス・マネージャーに不可欠な資質として，「アクティブ・リスナーになること」が推奨されている（Boone and Kurtz 2006）。
　簡単に言えば，（理解を深めるために，考えながら）聴くこと（active listening）を指す。上の空でぼんやりと聞き流すことでも（polite listening），最初からスピーカーを疑い（cynical listening），揚げ足を取る姿勢（offensive listening）で挑むことでもない。

　教員になって1年目，「夏休み1ヶ月間の留学プログラム」の引率を担当することとなった。主な対象者は，大学に入学して半年が経過したばかりの活発な学部1年生であった。彼らはとても素直な学生でトラブルに見舞われることもなく，引率者としてはラッキーだったと思う。
　現地では，私も彼らと一緒に，毎日経営学の授業や工場見学等に参加するよう指示を受けていた（学生の世界史の知識や，各授業の最後に発表したグループワークの出来栄えには，驚かされることも多かった）。
　ある日，その彼らから1つの要望が寄せられた。
　「食品会社の見学で，現場の方にプレゼンテーションをしてもらった時，突然の質疑応答で戸惑ってしまったので，次の工場見学のために，質問の仕方を練習したい」という内容だった。
　当初，私は「語学練習の要望」だと思い込んでいた。ところが，「聞き方の（英語）フレーズ集」を覚えるという単純なものではないらしいと，その後気付かされた。彼らの質問の意図は，「どの時点で，何を聞いていいのか，まったく見当がつかないので，"質問の考え方"のヒントがほしい！」ということで，一言でいえば，「内容に疑問を持つ方法」であった。
　通常，疑問というのはフツフツと湧き上がってくるもので，「疑問の持ち方を教えてください」と真顔で言われると，少々驚いてしまう。
　「なぜ，何も湧き上がってこないのだろうか？　緊張し過ぎていたのか？　疲れていたのか？」彼らの体調面のことばかりが，頭の中を駆け巡った。

「これまで，質問の仕方を習ったことがない」とのことだったので（ひとつの例として），私が実際に疑問に感じたことや，プロセスを簡単に伝えたと記憶している。「Step 1：傾聴し，スピーカーが伝えようとしているメッセージを読み取るよう心掛ける。Step 2：内容を自分なりに要約した後，もし理解できない点があれば，質問をする（時間があればメモを取る）。Step 3：質問がなければ，スピーカーと他者の質疑応答のやり取りを聴きながら，感じたことを心に留めておく（もしくは，コメントとして発表する）」のような，かなり無難な返答になってしまったはずだ。
　おそらく，学生は「こんな面倒なことを本番で，スピーディにできるはずがない」と思ったのではないか……（これも一種の疑問ではなかろうか？）。

　このエピソードを取り上げた理由は，「どんなに優秀な学生であっても，"一時的に枠にハマる（＝疑問が思い浮かばない）状態"は，簡単に起こりえる」ことを伝えたかったからだ。
　「どんな状況下で枠にハマりやすいか」という，自分自身を客観視する姿勢は，次節で扱う「見せかけのCSR」の識別にも役立つかもしれない。
　ひとつの解決策として，当時は学生たちにアクティブ・リスニングのステップを紹介したが，本当に注力すべき点は，「Step1：傾聴」よりも，ずっと前の段階なのだろうと思うようになった。
　もし今，私が学生から「話の内容に疑問を持つ方法」を尋ねられたとしたら，「Step 0：相手の話を聴く前に，自分自身の思いにも日頃から耳を傾けておく」と，答えるだろう。
　（他者との関係のなかで，物事の見方は日々変化していくものではあるが）そもそも，自身の軸となる考え方・強み・スキルを認識できていなければ，相手との相違点には気付きにくい。
　また，さまざまな質問を投げかけた際，何らかのフィードバックが期待できる風土が醸成されていることも，大切だと思う。そうでなければ，多くの若者を「大人（社会人）受けする'よそ行き'の質問づくり」へと導いてしまいかねず，本末転倒となる。
　職場や学校において，若者を（必要以上に）子ども扱いせず，想定外の質問・

考えを引き出そうとする姿勢こそが CSR の進化を加速させる一歩なのかもしれない。

3.「見せかけの CSR」
"Greenwash" とは？

　CSR という言葉から受ける印象は，「環境にやさしい取り組み」という一見 'ソフト' なものかもしれないが，留意すべきは CSR 活動が（良くも悪くも）想像以上にパワフルなツールとなりえる点だと感じている。
　表 1-1 に，CSR に対する異なる解釈をまとめた（近藤 2012b）。

　・Minimalist view では，企業は自己完結的であるため，（地域）社会の問題に直接関与する必要はないと考える。CSR には批判的な立場と言える。

　・Defensive view に基づく企業は，（一応）CSR 活動に取り組む。
　しかし，それは外部からの「批判を回避し，企業ブランドを守る」という動機からである。このような「受動的 CSR」は，本業とのつながりを意識した取り組みでないため「質より量」の傾向が強くなり，焦点がぼやけてしまう。
　このように，同業他社と十分な CSR の差別化が図れなければ，「数多くの取り組みに着手した」という企業内での達成感と，社会での（ステークホルダーの）満足度に乖離が生じる結果を招く。

表 1-1　CSR に対する 4 つの視点

CSR の異なる視点	視点の概要
Minimalist（CSR に批判的）	納税および法令遵守
Defensive（守りの CSR）	批判を回避するために行う義務的 CSR
Cynical（偽善的 CSR）	何かを隠すための CSR（例 "greenwash"）
Conscientious（攻めの CSR/ 戦略的 CSR）	（直接的利益以外の）社会的責任も重視。事業活動と CSR のつながりを認識

出典：Bovee and Thill（2008）を基に筆者作成

・Cynical view を軸とした組織の社会貢献活動は，CSR を悪用するケースを指す。その代表例が"Greenwash（グリーン・ウォッシュ）"である。

"Greenwash"とは，whitewash（修正液）を基にした造語で，企業の不都合な事情を"消すために行う，エコな社会貢献"を意味する。例えば，ある組織が，「'リスクマネジメントに課題が残る'大規模な施設の建設」を望む場合，「隣接地域における，景観保全事業」を一手に担うことなどが挙げられる。

上記の「景観保全事業」の場合，CSR 活動の内容自体は良いものである。しかし，地域住民が切望するものでなければ，その新しい施設が周辺地域に及ぼす「'高リスク'という中・長期的な影響から，目を逸らすための社会貢献（"Greenwash"）であった」と，指摘される可能性は高い。

・Conscientious view は，企業の社会的な存在意義について，最も理解を示す立場である。

「戦略的 CSR」や（Class 5 で取り上げる）「共通価値の創造（CSV）」は，この視点から派生したビジネス・フレームワークである。

戦略的 CSR は，「本業とのつながり」を重視し，ビジネスに不可欠である点が，先の3つの視点とは異なる。つまり，CSR を従来の慈善活動とは捉えていない。

また，「戦略的 CSR」は「CSV の進化過程」でもあり，CSV は戦略的 CSR の核となる要素を抽出し，さらに強化していくために具体的なプロセスを明示したものと解釈できる。CSV は「（取り組み内容と成果の）因果関係の把握」に加えて，その「波及効果の拡大」を目指す。

これまで，多岐にわたる企業の取り組みが，一括りに CSR として捉えられてきた。

そのため，「受動的な取り組み（先の Defensive view, Cynical view に基づく CSR）」と，「能動的な取り組み（戦略的 CSR）」は違うことを認識している消費者はいまだ少ないかもしれない。

近年，（コア・ビジネスを生かし，大きな社会問題の解決を目指す）「共通価値の創造（CSV）」経営戦略が提唱されたことで，「従来の CSR から CSV への進化プロセスの探求」が，既にグローバル企業等において，長期的なビジネス

成功への鍵と認識され始めている。

　4つの視点のうち，'守りのCSR' と '偽善的CSR' は，どちらも（広い意味では）「見せかけのCSR」と分類できるだろう。しかし，これら2つの視点には大きな差があることを忘れてはならない。
　前者の '守りのCSR' によって着手される活動は，将来 '戦略的CSR' へと成長する可能性をまだ秘めているのだ。つまり，私たちステークホルダーが注意すべきは，（社会からターゲットの的にされる傾向にある，CSR批判者よりも）Greenwash に代表される後者の '偽善的なCSR' である。

＊＊＊

Class 2
労働 CSR

Q2. 戦略的 CSR の特徴とは？

1. 労働と CSR

　Class1 で，CSR が注目されるようになった背景として，グローバル展開する多国籍企業とステークホルダーの広域的なつながりを挙げた。
　その代表例が，"ナイキ・ショック" と呼ばれる出来事である。
　ショックと言えば，リーマン・ショック（米国のサブプライムローン問題が顕著化し，投資銀行のリーマン・ブラザーズが 2008 年に破綻した後，急速に拡大した世界金融危機）を思い浮かべる人も多いだろう。
　その約 10 年前にも，米国の消費者たちに衝撃を与える出来事が起こっていたのだ。それが，スポーツ用品メーカー Nike の下請け工場（東南アジア）における過酷な労働環境（強制労働・児童労働・低賃金労働）に関する報道に端を発した，米国での不買運動（ナイキ・ショック）である（近藤 2012b）。この事件をきっかけに，同社は下請け工場の労働環境の改善を図ることとなった。
　現在 Nike は「戦略的 CSR」に取り組んでおり，本業であるスポーツ分野と CSR 活動のつながりを重視している。例えば，消費者に「本業を連想させる仕掛け」として，米国・カナダ・英国・オランダなど 8 ヶ国（2012 年時点）で導入されている，靴のリサイクル・プログラム "Nike Reuse-A-Shoe" がある。
　このプログラムでは，まず，不要になったスニーカーを消費者から回収し，Nike Grind と呼ばれるゴム微粒を再生する。その後，Nike Grind を（衝撃の吸収力が求められる）バスケットボールコートやテニスコートなどの舗装材（スポーツ・サーフェス）に再利用するという流れだ。
　スポーツ競技場の利用者には Nike 製品の消費者や潜在顧客が多く含まれていることから，ステークホルダーに対する CSR の効果的なアピールと言え

る。ナイキ・ショックで失った信頼を取り戻し，良き企業市民（Corporate Citizen）として循環型社会に貢献する活動の一例だろう。現時点で，日本やフランスでは"Nike Reuse-A-Shoe"は行われていないが，持続しているCSRとして，これまで担当した授業のなかで幾度となく触れてきた。

この「持続可能性（sustainability）」こそ，「戦略的CSR」の2つ目の特徴である（1つ目の特徴は，「本業とのつながり（Class 1）」）。

持続可能性というコンセプトは，環境学・環境政策の分野で主に用いられてきたが，最近ではニュースやドキュメンタリー番組等で取り上げられることも多い。そのため，専攻が異なる学生の間でも，すっかり馴染み深い言葉になっているようだ。

"Trash today. Track tomorrow.（今日捨てたモノが，明日の競技用トラックへ）"は，"Nike Reuse-A-Shoe"プログラムの企業メッセージであり，社会貢献の成果が分かりやすい。このようにターゲット・オーディエンスを意識したさまざまなCSR活動は，コミュニケーションの多様性とそのあり方に，一筋の光を与えてくれるように思う。

今回は，労働CSRとして，学生にとってより身近な「採用活動・労働意欲とCSRのつながり」に焦点を当てる。

2. 企業説明会から，CSRは始まっている

CSRは，広大な敷地に太陽光パネルを敷き詰めるといった，大規模プロジェクトに特化したものではなく，「身近なところ（採用活動）にも，CSRを考えるヒントがある」ということを，事例1と2は私たちに気づかせてくれるのではないだろうか。

1つ目は，以前学生の間でも話題になったものであるが，今回は少し異なる視点から，このケースを考えてみたい。

2-1. 事例1：説明会周知の思わぬ反応

ある企業説明会の申し込み画面が，HPに掲載された。公開された項目は，下記のとおりであった。

・説明会の開催日時（複数回の開催スケジュール）
・対象者（「事務系希望者（○○大学の方）」）
・申し込み状況（「満席」もしくは，「予約可」）

　午前中は（12セッション開催の計画が示されたが），すべてまだ「予約可」の状態であった。一方，午後の枠はすべて「満席」の表示に変わっていた。その理由は，午前中の各セッションには，対象となる大学（6校）が一校ずつ指定されており，それらの大学以外の学生は，午後のオープン枠（2セッションのいずれか）への申込みに限られていたためだ。
　近年，企業が説明会等のイベントを大学別に行うことは増えてきているようであるが，特徴的だったのは，「すべての学生に，他大学のスケジュール枠を公開したこと」で，その後話題となり，学生の間でさまざまな反応が見られた。
　この事例で大切な点は，詳細なスケジュール枠の公開が効率的な方法だったのか否かではなく，一連の出来事の「本質的な課題は何だったのか」ということだろう。それを考えるヒントとして，両者（学生・採用チーム側）の意見をJ-cast ニュース（2011）を基にまとめた。
　学生側：
　　・あからさまな出身校の差別
　　・公平なチャンスが与えられていない（東京中心の扱い）
　　・その他（企業の方針が，暗示的に読み取れた）
　企業（採用チーム）側：
　　・社内で活躍しているOBを基にした計画で，予期せぬ反響に困惑した。
　　・他の大学の学生にもチャンスを与える予定であった。
　　・説明会は継続することを一言添えるべきであったが，誤解を与えてしまった。

　原則として，選考方法は企業側の自由であり，両者の立場をそれぞれ理解できるが，このケースの本質的な課題は，（企業側の）「予期せぬ反響に困惑した」というコメントに集約されているのではないだろうか。
　「今後も，説明会を継続する予定」という一文を掲載ページに付け加えてお

けば，誤解を防ぐことはできたとして改善案も提示されたが，当初，集団の意思決定の場で，このような配慮が欠けてしまったのは，時間的な制約等が厳しく，「集団思考（groupthink）」に陥っていた可能性が高い。

「集団思考（集団浅慮）とは，凝集性の高い（まとまりが強い）内集団で，意見の一致を重視するあまり，取り得る可能性があるすべての行動の現実的な評価を無視する思考様式（榊 2007）」と言われ，結果的に「企業が発信するメッセージ」と「受け取る側」にギャップを生む。

たとえ優秀と評価される人々の合議による意思決定であっても，もし慎重論や批判的な意見を促す工夫がなければ，会議中の空気・出席者との関係性に，重きが置かれ過ぎることもある。

そのため，この現象は日常的に起こりえるという（その最たる例として，米ケネディ政権下でのキューバ・ピッグス湾侵攻（1961年）が，知られている）。

多くの組織で，「企業の社会的責任（CSR）」と「採用活動」は，異なる部署で担当されるため，別々に扱われてしまう傾向は否めない。

しかし，これら2つ（「蓄積されたCSR活動の知識・経験」と「学生を含むステークホルダーへの情報発信」）は本来リンクしているべきものだと，感じている。

そうでなければ，言葉と行動の間に乖離が生まれ，人々からの信頼を失ってしまうだろう。

築くために長い年月を要するにもかかわらず，瞬時に失われる信頼感は，コミュニケーションの可能性と難しさを物語っている。

2-2. 事例2：説明会で失神……CSR実績とのギャップ

（院生の頃，補助要員として参加していた）別の企業説明会では，「お客様の幸せ・満足度を高める」といった内容の企業方針が，プレゼンテーションの中で取り上げられていた。

前日に「採用人数を拡大する」という内容の記事が出たらしく，当日は，立見席が出るほどの大盛況であった。

しかし，説明会の途中で多くの参加者が，立っていられない状態になってしまった（はじめは，私だけかと思っていたが，大会場の後ろのほうでは，倒れ

てしまった学生もいたそうだ)。

　次第に息苦しさに耐えられなくなり，フラフラする体を支えきれず，とうとう私も通路にしゃがみ込んでしまった(幸いにも私の役目は，質疑応答で手を挙げた参加者にマイクを渡すことであったため，遠くの仲間からは，机と机の間で，スタンバイしているように見えたらしい)。

　場所は，高層ビルの綺麗な大会場であったが，許容人数を超えて，酸欠になったのか？　空調設備に不具合が起こったのか？　特定の場所に限られたことだったのか？　原因はよく分からないが，不快な気持ちで帰っていった学生は，きっと多かっただろう。

　(参加学生からは，口頭での厳しい指摘はなかったものの)説明会終了後に回収したアンケートには，「内容は良かったが，"お客様のために～"といろいろ言っていたのに，会場に人をギュウギュウに詰め込み過ぎていた」という内容の回答がいくつも見られた。"言動と行動のギャップ"に対する鋭い指摘だ。

　実はこの企業，CSRに大変熱心なことで知られている(CSR'単体'で見れば，その実践内容では高い評価を受けており，私も素晴らしいと思う)。

　また，「(学生が)プレゼンテーションに集中できないといけないから」という理由で，会場は全面暗幕で覆われてしまい，せっかくの高層ビルからの景色は，終始見ることはできなかった。

　そもそも，彼らはこの企業に興味を持って参加しているのだから，そのような心配をする前に，もっと注意すべき点は別にあったのではないか，といまだに思い返してしまう。

　学生の間は，「企業イメージ」という先入観に縛られ過ぎていないためか，「表面上のメッセージ」と「実際の行動」とのギャップに，敏感なのかもしれない(採用チームのメンバーはとても印象の良い方々で，プレゼンテーションの後，会場からの拍手喝采に大変満足されていた)。

　若者が，そのギャップへの違和感を，積極的に口に出すことは少なくとも，やはり，「直面する多くの出来事に対して，何か変だな？……」と感じとる能力は侮れない。

　今思えば，企業にとって，最も恐ろしいステークホルダーは，クレームを残さずに帰っていった学生(消費者)の方なのだろう。

2-3. 若者の観察力が拓く労働 CSR:「雇用創出デザイン」という貢献の形

　数年後,大学の教員になり,あの説明会で見かけたような学部生たちとは,教室でほぼ毎日出会うようになった。直接彼らと話すこともあれば,私がプレゼン機材の準備中に,教室での何気ない会話が耳に入ってくることも少なくなかった。

　学部生たちが,いろいろな教員が発した「言葉と行動の矛盾」を突く,明るい笑い声は,時に恐ろしくも感じられる。ただ,その鋭い感覚を,相手への質問として投げかけることは(成績への影響も考えてだろうか),控えるようだ。

　そのかわり,(授業アンケートは学内限定のページにも公開されることが増えたため)多くの学生が,(成績評価に影響を与えないよう配慮された)学期末のアンケートにコメントを書けばよい,と思っていても不思議ではない。

　ただし,公開されるという性質上,このようなアンケートは,何人もの人の手を介す。鋭いコメントであっても,もしも表現が乱暴であれば(個人を誹謗・中傷するような内容と判断されかねず),おそらく教員の目に触れることはないだろう。

　そのためか,最近では(教員が直接)授業内で「匿名アンケート」を実施,もしくは,「コメントの交換」を行う例も増えてきていると聞く(毎回の授業終了後に,学習内容の要点と短いコメントを提出させ,教員からの返答を添えて,翌週の授業で本人にフィードバックするそうだ)。

　大学の大講義での「コメント交換」は,少々やり過ぎのような気もするが,それ程までに,今の若者が本音を伝えることをためらっている現状に,社会が目を背けてはならないというメッセージなのだろう。

　彼らが受け止めた違和感を(発信するチャンスを一時的に逃したとしても)発揮できる日まで,それを見失わないよう伝えることは,キャリア形成のための教育であると同時に,今後の日本社会を切り拓く原動力の模索でもあるのかもしれない。

　CSRというのは,採用された後に従事するボランティア活動等に留まらない。(説明会の事例のように)「一連の採用活動(雇用創出)をデザインすること自体も,実は社会的に大きなメッセージ性を持つ"貢献活動"である」ということに気付いていない組織は案外多いのではないだろうか。

それを最も理解しているのは，貝のように口を閉ざした今どきの若者たちであるが，現状を悲観視し過ぎることは避けたいと思う。

　その理由は，本書のテーマである CSR，CSV 論は，「組織・個人の双方が，現状から次の段階へと踏み出すための一つのヒント」であると考えているためで，悲観的な思想で会議を繰り返すばかりではなく，何らかの打開策を考え続けることの方が大切だと感じている。

　ステークホルダーも多少楽観視し，（一人の人間として共感できる）企業のオリジナリティを，人材採用デザインの中に見出すことができれば，「多様な働き方・キャリア形成の支援を，企業戦略の核として推進している場所」という判断材料にもなるだろう。

　次節以降では，人々の「キャリア形成・ワークスタイル」を踏まえた先進事例を取り上げる（近藤 2012b）。

3. マズローの欲求階層説と採用活動

　ある日，シリコンバレーの高速 101 号線沿いに，突如巨大な看板が現れた（図 2-1）。

　その看板には，{first 10-digit prime found in consecutive digits of e} .com と記載されており，{e の値で，最初に出てくる 10 桁の素数} .com という意味である。

　その答えは 7427466391.com で（現在は，終了），この URL にアクセスすると，数学の問題が出題される。そして，正解すれば「Google の募集要項」にた

$$\left\{ \begin{array}{c} \text{first 10-digit prime found} \\ \text{in consecutive digits of } e \end{array} \right\} \text{.com}$$

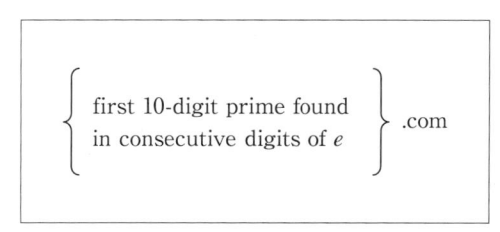

図 2-1　シリコンバレーの 101 号線に出現した看板
出典：山下（2004）を基に筆者作成

どり着くという珍しい方法が採用された。

　この人材募集の特徴は，企業ロゴ等のヒントがまったくない看板に注意を払い，実際にチャレンジする「好奇心」と「行動力」を観察することで，「優秀なエンジニアの資質」を試した点である。

　もちろん，この取り組みが話題となれば，一定のパブリシティ効果も期待できたが，それ以上に「マズローの欲求階層説（図2-2）の高次に位置する人材（キャリア形成に意欲的に取り組む人材）」を獲得できるというメリットも視野に入れられていたのではないかと思う。

　これまで米国では，ステークホルダーの中でも，特に株主重視の傾向が強かった。しかし，近年「従業員の満足度を高めながら，本業に良い影響をもたらすことに成功しているか」という点にも注目され始めている。

　つまり，Googleの特筆すべき点は，企業から見たときの「使いやすさ」よりも，「育てがいのある人たち」にいかに入社してもらうかに着目したことだろう。

　マズローの欲求階層説（図2-2）では，人々のニーズはPhysiological NeedsからSelf-Actualization Needsまで5段階あり，低次の欲求が満たされると高次の欲求へと移行する。

　・人は，Physiological Needsの段階では生理的欲求，つまり基礎となる「衣

図2-2　マズローの欲求階層説
出典：Bovee and Thill（2008）を基に筆者作成

食住の充足」を考える（例：給与）。
- 次に，Safety Needs では，「安全で安定的な環境」を欲する（例：健康保険，年金制度）。
- 3番目のSocial Needs では，所属する場や仲間がいるという「帰属意識」を求める（例：同僚）。
- 第4段階は「周囲から認められること」を期待するSelf-Esteem Needs である（例：役職；CEO等の上層部からの認知度）。
- 最後に，「自身の強みを生かし，自己実現・成長」を求めるSelf-Actualization Needs の段階へ進むと考えられている（例：リーダーシップの発揮）。

　企業が採用時に直接，自己実現を目指す層をターゲットにするのは容易ではなく，そのような人材は，学生時代から既に起業家として活躍している可能性も高い。

　しかし，採用・雇用方法を工夫しSelf-Esteem Needs を意識した人材を確保することができれば，最終段階であるSelf-Actualization Needs の段階まで短期間で育て上げることも可能と思われる。

　日本における組織（役所・民間企業）の多くは，Social Needs やSelf-Esteem Needs 段階までの機会提供が，中心になっているそうだ（週刊東洋経済2011）。

　ただし，日本にも「従業員のキャリアパス」を意識した取り組みを実践する企業はある。篠原，瀬戸，白壁（2012）によれば，アサヒビールでは，休業制度を利用しても復帰した後の不利益をなくすよう規定を設けており，育児などで休業しても，前年の評価を適用するため，評価の減点はない。会社と従業員の希望を踏まえ，復帰後のキャリアパスの設計に向けた面談が行われると言う。

4.「採用の筆記試験づくり」が，今もCSR？
CSRの進化と退化を考える

　私が大学1年生対象のゼミを担当していた時，（各授業に配属された授業アシスタントの）3・4年生たちと授業後に話をすることがあった。彼らは，大変面倒見の良い上級生で，後輩からも慕われていた。ある日，就活のことが私た

ちの間で話題になり，日頃から熱心なアシスタントの一人が，他の仲間に向かって「就活で，成績なんて真剣に見られていないし，関係ないと思ったほうがいいよ」と，苦笑した。

確かに，学外で成績が評価されることは，（専門職を除き）稀というのが，日本で就活経験のある若者の正直な感想なのだろう。しかし，昔のように「入学してしまえば，楽勝」という，ゆったり構えた日本の大学生のステレオタイプが消えつつあるという現状も忘れてはならない。

これは，「世間の認識とは，かけ離れている」と言われるかもしれないが，心身ともにのんびりと暮らしている大学生は，実際にはそれほど多くはない。

授業への出席やプレゼンテーション課題を重視する科目も増えたためか，学内外のさまざまな活動の両立に四苦八苦している学生の姿を随分と見てきた。

社会的背景の移り変わりに気付かず，一昔前の大学生のイメージを持つ人々が，（悪気なく）「大学で学んだことは，社会では役に立たないから，成績なんか関係ない」というメッセージをいまだ暗に伝えているのかと思うと，いたたまれない気持ちになってしまう。

新しいニーズを汲み取り，より良い社会を築こうとする時，変革が必要なのは，人々の中の常識だけではない。企業の事業方針にも，大きな意識改革が求められる。

具体的には，時代の変化とともに，求められるCSRも変わるということだ。

その1つの例が，（しばしばCSRと紹介されることがある）「日本の就活における筆記試験」の存在であり，現在，複数の専門業者によって作成された適性試験が，多くの企業で使用されている。

元々，適性試験には進学率が低かった時代に（著しい学歴・性別差別などの社会的背景により），「チャンスに恵まれなかった多くの人材を発掘する」という"社会貢献"の意味合いが強くあったのだろう（事業としては，今も立派に成り立っており，経営分野の研究対象としては，面白いビジネスモデルであると思う）。

・「果たして，今の若者の多くが，適性試験によって（昔の受験者ほどの）メリットを感じているのだろうか？」というのが，1つ目の素朴な疑問である。

・2つ目の疑問は，より幅広い視点で捉えた場合，ステークホルダー（地域住民・消費者など）にもたらす社会貢献度である（通常の1事業以上に，CSRと呼べるような社会的な付加価値を，ステークホルダーが感じ取れるかどうか）。

最近（担当している職務の一環として），教育機関の進路・就職相談担当者が一堂に会すキャリア・ガイダンスに参加する機会が増えた。労働市場の動向に加え，主催者のCSR事業として，開発中の適性試験の一部紹介があったりもする。

試験を行うことにより，受験者の能力・適性が分かるよう，精度を上げたものだそうだ。（学歴や成績のみで捉えきれない）働き手を映し出すひとつの心理実験として見た場合は，とても興味深い。

しかし，（複数の専門業者が作成する，精度の高い試験だとしても）それを何百・何千という（社会的影響力の強い）企業の入社試験に導入されれば，ゲームのような攻略本が出ることは想像に難くない。

大学の研究室における経済実験のような社会科学実験が有効なのは，実験参加者が'自然な状態'を保ったまま，そのテストを受けるからだろう（例えば，実験参加者は，「約○時間，選択肢をもとに，簡単な意思決定をしてもらいます」のような概要説明を受けることはあっても，詳細内容・最終目標などは（バイアスを避けるため）知らされないはずだ。これは「入社」という目的が明確過ぎる試験とは，大きく条件が異なる）。

そもそも，グローバルな視点で見れば，（資格試験という目的以外で）採用時に選択式の筆記試験があるケースは，日本の学生が思っているほど当たり前ではない。

なぜなら，学校での学業成績・（インターンシップやアルバイトを含む）職務経験等が，履歴書やカバーレターの中で評価されるからである。私が米国の大学で履修した経済学の担当教授は，「成績のことを気にしない学生は，お金のことを気にしないビジネス・パーソンと同じですからね！」と，初回授業で皆に伝えていた。

あの時の先生の言葉は，一回の巧妙な試験で測るのではなく，一連の行動を

通じた実績から人物を見つめようとする方針を物語っている言葉のようにも，今は感じられる。

　採用試験づくりが CSR であるか否か。これは，立場によって受け止め方に幅があるのは理解できる。ただし，時代の流れ（少子化・大学／大学院進学率の高まりに伴う"受験者構成の変化"）を踏まえた取り組みとは言い難い。

　見逃してはならない点は，試験制度が複雑になればなるほど，それに通過すること自体が，目的と化してしまうことだろう。

　ノウハウの習得へと先導する社会システムが，CSR という名のもとに設計されてしまうことには，何か違和感を覚える。そのため，私は，（複数の企業を対象とした）凝った入社（筆記）試験づくりは CSR ではないと捉えている。（収益性が高い）立派なビジネスとしては，評価に値するが，あくまで 1 つの業務に過ぎないように思う。

　一方，テスト開発の域を超え，新入社員が一定期間，職場に定着できるような制度の企画提案は，社会的ニーズに即した，今日の CSR と言えるだろう。

　若者に誤解を与えるような「CSR という言葉の乱用」を避けるためにも，「どのような取り組み・事業が，（地域住民・消費者を含む）ステークホルダーにとって社会貢献と言えるものなのか」を改めて考えなおす必要があるように，感じている。

5.「オフィス改革」という CSR

　労働意欲を掻き立てる効果がきちんと考慮されていれば，オフィス革命も立派な労働 CSR である（クリエイティブな人材を獲得するだけでなく，遊び心を保たせながら，企業に定着させるひとつの取り組みとも言える）。

　Google には，"ミーティング・エッグ"と呼ばれる卵型の会議用シェルター，ケーブルカーに似せた個室，社員食堂につながる大人用の滑り台などがあるが，見た目に面白い仕掛けだけではない。

　複数の従業員が集う大きなオフィスの横には，壁一面に長いホワイトボードが設置されており，いつでも技術者同士が活発に議論できるような職場環境を心掛けている。「面白さと本業への能力発揮」という両方の視点が，オフィス改

革の中に取り入れられた成功例だろう。

　日本にも，「オフィス改革」を通じて，社員の「ワークスタイルの意識改革」を試みた企業が存在する。次に，その成功例と，当初の目標が達成できなかったオフィス事例を比較してみようと思う（近藤 2012b）。

5-1. 事例1：オフィス改革とワークスタイル

　ソフトバンクテレコム（旧日本テレコム）でのオフィス改革は，ワークスタイルの変化と同時に，社員のプロフェッショナルとしての意識を高めた事例として評価されている（紺野 2007）。

　東京・汐留の本社では，従業員が監視下に置かれているという意識を持つことはない。その理由は，大規模な"フリーアドレス（固定の席がなく，出社時に社員が自由に場所を選ぶ職場空間）"が導入されたためで，机の配置が画一的な従来のオフィスではなく，街中に滞在しているような空間設計が行われた。三幸エステート（2005）によると，その街は，主に下記のエリアから成り立つ。

　「Park（公園）」は，緑色のカーペットが敷き詰められたオープン・スペースで，四季折々の木々もあるため，明るい公園で仕事をしているような印象を与える。そのため，クライアントとの打ち合わせに利用されることも多いと言う。

　「Square（広場）」はコラボレーションの促進に役立つ打ち合わせスペースに加えて，多様なデスク（丸・四角・カウンター状のデスク等）も配置されている。

　「Passage（通路）」は，外部からオフィス内部に入る前に，（音楽やアート等の効果によって）人々が気持ちを切り替えることができる空間として，エレベーターホールからオフィスまでは長い通路（50m）が設けられているそうだ。

　「Market（市場）」は頻繁に人が行き来する多目的空間として設計されているため，ふいに他者のプレゼンテーション風景を見かけることもあり，人々の情報共有の場としての機能を果たす。

　フリーアドレスでは，各社員が書類を保管できる場所は限られているため，電子化による情報共有が進む。最も重要な点は，「慣れ親しんだ習慣が当たり前でないこと」を体験させ，生産性を高める工夫を社員自らが考え始めること

だろう。状況に応じた働く場所の選択によって、個人の作業効率を高めつつ、打ち合わせが必要な場合は連絡を取り、集合したテーブルで直ちにプレゼンテーションを開始できる設備がある。

ただし、普段見知らぬ人々の近くで作業をするため、セキュリティ面の強化は求められるが、固定観念から解放され多様な働き方（例：短縮就業やテレワーク）に、寛容な社風へと生まれ変わることが大きなメリットと考えられる。企業でのさまざまな新しい制度導入後に、それらの形骸化を防ぐには、体験を通じた学びが、極めて重要であることが分かる。

5-2. 事例 2：オフィス改革の思わぬ結末

人材コンサルティング会社であった Y-cube は、急成長を遂げていたが 2011 年 3 月、民事再生法適用を申請した（日経ビジネス 2011）。

この企業もオフィス改革で広く知られた存在であった。例えば、大理石の床にカフェのような内装・ワインセラー等も完備されていたと言う。

「従来とは異なるオフィス空間で社員のモチベーションを高め、新鮮なアイデアを引き出すことで、ビジネスの発展につなげる」という経営者の大きな考え方は間違ってはいなかった。ただし、類似のサービスは社外でも提供されており、VRIO フレームワーク（Class 6）の「Rarity（希少性）」が欠けていたことが、想定外の結果を導いた一要因であった可能性が高い。当初、充実した社内サービスを社員たちは歓迎していたものの、それらの利用が、業務にどの程度良い影響として表れるのかが、途中から不明確になったと言う。

一方、1 つ目の事例として紹介したソフトバンクテレコムのオフィスでは、各エリアに（プレゼンテーションができる、情報共有ができる、集中できるなど）コンセプトが設定され、紺野（2007）によると社内の意識調査も実施された。

2 つ目の Y-cube の事例では、社内設備充実のためのコストが大きく、景気悪化の影響を払拭できなかったことも、大きな痛手となったと言われている。

つまり、VRIO フレームワーク（Class 6）の「Value（経済的価値）」が「希少性」と同様、低下してしまったのだろう。希少性が、経済的価値に結びつくプロセスの把握は、極めて重要なポイントである。

Y-cube の「オフィス改革の重要性」という初期の着眼点は，社外への広報戦略という面では評価に値するものの，労働 CSR としての効果は，安田（2012）によれば，長くは続かなかったと言う。（事業規模を考慮した場合）過剰であったオフィスへの投資が，徐々に社員の不安を煽ったのかもしれない。

　社員自身の強みを発揮できる社会的ニーズを探求し，従業員・企業・社会を結びつける「共通価値」を創造する難しさ，そして（中小企業の場合は）大企業における CSR 以上に，綿密な CSV 戦略が必要であることを，如実に表した例とも言える。

6. 日本の労働市場の現状と課題

働きやすさと働き甲斐

　生産年齢人口（15〜64歳の人口）の減少が予測されるなか，潜在的な女性労働力を活用できていない状況，相対的貧困率[1]の増加・新卒者を含むジョブのミスマッチなど，課題は山積している。

　「人材の流動化（労働市場の流動化）」は，これらの社会問題を是正する1つの解決策として期待されているが，その実現には日本企業が労働 CSR を超えた CSV（共通価値の創造）戦略として，多様な働き方を推進する「インセンティブ設計（動機付け政策）」が，必要になっていくだろう。具体的には，政府は従来の"規制的手法"ではなく，"経済的手法[2]"で，現在の CSR・未来の CSV をサポートしていくことを指す。

　同じく，企業側も社会問題の根本的な解決に向けて，地域のニーズや労働市場の現状をより深く理解する姿勢が求められる。

　例えば，日本の女性労働力活用の鍵は，働きやすさ（時間配慮のみの雇用形

---

1) 相対的貧困率とは，「等価可処分所得（世帯の可処分所得を世帯員数の平方根で割った値）が，全人口の中央値の50%未満である者の割合」と定義されている（OECD 2011）。
　25歳以上のすべての年齢層で，相対的貧困率は女性の方が高い（内閣府 2011）。
2) 規制的手法では基準値が設定されるため一定の効果は期待できるものの，その基準値以上の努力をするインセンティブは働かないと言われる。
　一方，市場メカニズムを活用する「経済的手法」は，企業に継続的な努力を促すインセンティブを与えることが期待されている（環境分野では，環境税や排出量取引等が後者の例である）。

態の多様化）だけでなく「(スキルを生かした) 働きがい（図2-2)」もバランス良く融合させることも，忘れてはならないのだろう。

2012年3月，日本における「"働きがい"のある会社ランキング」が発表された（篠原，瀬戸，白壁 2012)。

「働き甲斐」を実感させる制度を広げていくことは（"働きやすさ"重視であった従来の福利厚生と比べ)，社内外により大きな付加価値をもたらすCSV経営であり，社会にあふれる'潜在的'労働力をフルに活用し,「長期的な労働力確保」の実践でもある（近藤 2012b)。

内閣府（2011）によれば，日本における女性の年齢階級別労働力率[3]は，35歳〜39歳で，最も低い。「女性の就業希望者（求職活動はしていないが，就業を希望している女性)」は 25〜49歳を中心に，342万人に上ると言う。

スキルの活用を軸としない短期雇用の連続では，個人のキャリア形成が十分に行われず，社会・経済活動の活性化に寄与することも困難となる。

常に，希望どおりの仕事ができるとは限らないが，希望する働き方を模索し続ける視点を持つことは，生きていくうえで大きな力になるのではないだろうか。労働 CSR，CSV を知ることは，まさにそのヒントとなるように思う。

先進企業の良いところを感じ取り，自身の意思決定・働き方に反映させていく姿勢が，困難な時代を生き抜くために，いま若者や潜在的労働者に求められている真の就業力なのだろう。

＊＊＊

---

3) 日本における女性の年齢階級別労働力率は，いまだ M 字カーブの形状を示している。例えば，65.9%（35〜39歳）は，米国・ドイツ・スウェーデンの同年齢層よりも低く，労働市場を退出する女性が多いことを意味する。

　労働力人口は,「15歳以上人口のうち，就業者と完全失業者（就業はしていないが，求職活動をしており，仕事があればすぐ就くことができる者）を合わせた人口である（内閣府 2011)」。

Class 3
環境問題とCSR

Q3. コーズ・リレーテッド・マーケティング（CRM）とは？

1. 世界の水資源

1-1. "水"という空気のような存在

　日本は，「水資源に恵まれた国」という印象を持っている人は，多いのではないだろうか？

　全国の降水量だけを見れば，世界平均を上回っている。

　ところが，1人当たりの年間降水総量（m^3/person/year）でみれば，日本は5,114で，世界平均の21,796や中東諸国（サウジアラビア9,949やイラン6,031）よりも低い（Yamaoka & Ochii 2003）。

　これは，日本の「人口密度の高さ」と「水が染み込みにくい地形（急な斜面・流れの速い川）」が，大きく影響している。

　統計上は，1人当たりの水の量は少なくとも，季節・地域別でみれば，水資源の賦存量には大きな差があるため，（自然災害に見舞われるような緊急時以外で）「使える水が，なくなる」という危機感を持つことは，稀かもしれない。

　特に，日本の都市部の世帯では，子どもの頃から「シャワーを長く浴びると勢いよく出ているお湯が，いきなり冷たい水に変わってしまうかもしれない……」と，ヒヤヒヤしながら入浴することもなければ，ましてや，「その水すら，止まってしまうかもしれない……」と考えることは，ほとんどないだろう（かく言う私も，水のことを考えながら日常生活を送ってはいなかった）。

　しかし，海外では，「水の枯渇」という現象は日常茶飯事だ。

　世界的に見れば，'使える'水が，いつも近くにあることの方が珍しい。

　そもそも，人が農業・工業・生活用水として利用できる淡水の量は，地球の水全体のわずか0.008％に過ぎない。そして，世界で悪化の一途をたどる，水需

給バランスの影響を受ける人口は，Japan Water Forum（2012）によれば2050年までに，40億人に達するとも予測されている。

やはり，CSR，CSV事業で利用される環境技術等が諸外国の人々の日常にもたらす恩恵は，計り知れないと思う。

1-2. "間接的な"水の輸入

大学で勤務しはじめた頃，水資源と地球環境に関するクラスを数年間担当したことがある。それは，環境学を専攻する学部生を対象にした講義で，受講生の多くは中東やインドでの水事情をよく理解していても，米国・中国の中で局地的に深刻化する水不足については，あまり知らなかったようだ。

では，なぜ日本に住む私たちは，水にそれほど不自由なく過ごせるのか？

1つ目の理由が，水供給システムの普及・技術力の高さに支えられているということは，想像に難くないだろう。

2つ目の理由として，私たちが「海外の水を'間接的に利用'」していることが挙げられる。

「間接的な海外の水利用」とは，農作物や工業製品を輸入した時に，それらすべての栽培・製造過程で使われた水も，自動的に輸入していることを指す。この"最終消費者の私たちには直接見えない水"のことを「バーチャル・ウォーター（仮想水）」と呼ぶ。

バーチャル・ウォーターの概念は，ロンドン大学のAnthony Allan教授によって提唱され（Allan 1998），中東地域では，（栽培時に水を大量に消費する）農作物を輸入に頼ることで，「水の紛争を回避できた」とも言われている。

ただし，水資源が豊かな国々が，水資源に恵まれない国々を支えるという，一方的な流れによって，これまで達成されてきた脆弱な'持続可能性'を，過信すべきではない。例えば，私たちが間接的に頼ってきた仮想水の輸出国（中国・オーストラリアなど）も近年，水不足が顕著化している。

また，工業用水の利用に関しては仮想水の輸出国だと思われていた日本も，分析の結果（Kondo 2005），（農業用水と同じように）途上国の水資源に依存するような産業構造に変化しつつある傾向が示された。

国内の資源利用の変化を知るとともに，グローバルな資源利用の変化を理解

し，資源の提供国に対する中・長期的な貢献の方法についても考えていくことが求められている。

1-3. 水技術の輸出：飲める海水づくり

環境ビジネスの展示会に行くと，日本のさまざまな水処理技術の宣伝が，目に飛び込んでくる。

例えば，下水・排水を高度処理するリサイクル・システムや，海水の淡水化（desalination）装置等の説明が，ずらりと並ぶ。クウェートでは，国内の水需要の約90％を，海水の淡水化技術に頼っていると言う（Fadlelmawla and Al-Otaibi 2005）。

2012年3月，アラブ首長国連邦のドバイを訪れた時，幅広い高速道が整備され，街中に青々とした芝生や草木，そして花が植えられていたのが印象的であった。これらも，海水の淡水化プラントで生産された水によって維持されている。

水だけでなく，ドバイでは農耕地も十分ではないため，白石（2012）によれば食料品を151ヶ国から輸入し，食の安全性を確保するために，輸入品への厳しい管理を行ってきた。しかし，近年の食糧価格の高騰等に伴い，地元での食品工場の建設が進んでいると言う。

このような流れを受けて，水が希少な砂漠地域における，「植物工場（LEDを利用した野菜の栽培設備）」も今後，大きな役割を果たす環境技術の1つと目される。

現時点では，露地栽培の野菜に比べると，（光・水・温度が管理された）'植物工場'で育てられた作物は価格競争力が低いものの，国内外の潜在的な需要が見込まれ，大和ハウス工業など大手企業による，'植物工場'ビジネスへの参入が報じられた（平松 2012）。

「安全な飲み水の確保」・「食糧の確保」・「大気汚染の改善」に役立つと考えられる環境関連の技術移転が進めば，開発支援として一定の成果が期待できる。

今後は，その成果をさらに発展させることにつながる基盤づくり（社会的インフラ支援策の充実）にも注力しなければならないだろう。『失敗した環境援助（李，上野，杉山 2011）』の中では，残念ながら，予想どおりの結果に至ら

なかった途上国での環境援助の事例をもとに，「経済発展こそが，環境援助だ」という感想を述べている。経済発展と環境保全は，矛盾するように思えるが，実はそうではない。

例えば，最新の技術が導入された後も，その有効活用に向けた環境マネジメント人材の育成や雇用の創出なしでは，社会的・経済的な波及効果は限定的になってしまう。新システムの持続可能性が望めなければ，生活のためにやむをえず自然資源を無計画に切り崩し，取引するようなライフ・スタイルに戻る者は増えていく。

2.「本業と寄付」を結ぶ CSR マーケティング
Cause-Related Marketing（CRM）

悪化する環境から人々を救うことは，高度な技術を要するものばかりとは限らない。業種によって，その貢献策には幅がある。

例えば，非製造業の企業では，「寄付」を通じて「戦略的CSR（'本業との結びつき'と'持続可能性'を意識した活動）（Class 1, 2）」を実践することができる。

この「寄付を通じた戦略的CSR」は，CRM（コーズ・リレーテッド・マーケティング）もしくは，CSRマーケティングと呼ばれており，Cause（コーズ）は，理念・目標・大義という意味を持つ。

CRMの最初の導入例として，アメリカン・エキスプレス（Amex card）の「自由の女神修復プロジェクト（1983年）」が広く知られている。その内容は，Amexカードを利用するたびに，1セントが自由の女神の修復に寄付され，カードに新規加入すると，1ドルが寄付されるというものであった（トラベラーズチェックや，アメリカン・エキスプレス社の旅行代理店における旅行パッケージの販売も，この修復プロジェクトの対象になっていたと言う（関根2007））。

「自由の女神修復プロジェクト」実施後，Amexカードの新規ユーザーは45％増加，利用回数も28％増えたため，3ヶ月のCRMによって170万ドル（$1=¥100換算で，約1.7億円）もの寄付金が集まり，画期的な成果をもたらした（Cause Marketing Japan 2010）。

CRMは,「慈善事業協賛型マーケティング」という訳語で紹介されることが多い。ただし,CRMは,これまでの企業による慈善的な寄付行為と同じではない。

その理由は,従来の寄付は多くの場合,消費者が購入する商品やサービスを特定することなく,収益の一部が連携団体に寄与されるためである。企業とNGOのつながりはあるものの（CRMと異なり），消費者とのつながりが明確ではなかった。

次に,CRM（CSRマーケティング）として,発展途上国の水問題に着手している日本企業の取り組みを紹介する。

3. ユニセフとのタイアップ（CRM）
「nepia 千のトイレ・プロジェクト」

「世界では毎年100万人を超える子どもたちが,汚れた水とトイレの不備からおなかをこわし,脱水症状などで命を落としている（nepia 2012）」と言う。紙メーカーのネピアが行う「千のトイレ・プロジェクト」は,2008年から始まり,本業と関連する戦略的CSRの一環（CRM）として,東ティモールの「トイレと水問題」の改善に取り組んでいる。

水に関するCSRと言えば,途上国における井戸づくりが知られているが,地元住民たちによって,継続的にそのメンテナンスができなければ,せっかく設置された井戸も放置され,根本的な社会問題の解決には結びつかない。

そのため,現場の状況によっては,新しい環境技術を駆使した設備よりも,（地元で部品調達ができるといった）実行可能かつ,修理によって持続可能な設計が求められることもある。

王子ネピアの「千のトイレ・プロジェクト」では,（ネピアのティッシュや,トイレットロールの売り上げの一部をUNICEFに寄付し）UNICEFが協力指導することで,住民が主体となってトイレ作りを行う。

ただし,UNICEFへの支援活動だけに終わらない。

支援地域における成果について,社員が現地へと出向き確認するとともに,小学生への衛生教育活動も行っていると言う。視察内容は,毎年ステークホル

ダーに向け，発信されている。

当プロジェクトのメッセージ「あなたの選ぶネピアが，子どもたちを守るトイレになる」は，一人ひとりの購買選択行動が，海外での社会貢献に毎年どのように生かされているかを端的に伝えるものであり，プロジェクトの告知（写真）入り商品も販売されている。

同社は，プロジェクト開始以来（毎年2,000万円を超える寄付金により），多くの人々の衛生環境の向上に着実に貢献してきた。これまでに，東ティモールの学校・地域のトイレ作り，給水設備の建設・修復に加えて，約3,600世帯のトイレを完成させたと報告されている。

毎年，実施されてきた約4ヶ月のキャンペーン期間（2008～2011年）の総額は，約6,900万円に上った（ただし，2011年は東日本大震災の影響により，当該商品の売上の一部は被災地支援に寄付されたため，「千のトイレ・プロジェクト」は，同社からの企業寄付で実施されたと言う。2012年については，9月～12月までキャンペーンが，再開されている）。

近年，さまざまな企業によるCRMや関連情報を目にすることが増えた。

例えば，コスモ石油（2012）によるとエコカード基金「ずっと地球で暮らそう。プロジェクト」では，カード会員からの毎年500円の寄付と，コスモ石油グループの売上の一部により，NPOや研究機関等とともに，シルクロードの緑化を含む国内外の環境保全活動を推進している。

先に述べたAmexカードの例と似ているが，「自由の女神修復プロジェクト」よりも支援対象の幅は広い。

また，アサヒビール（2009）の「うまい！を明日へ！プロジェクト」では，主力商品のアサヒスーパードライ1本につき，1円が都道府県における環境・文化財などの保全活動のために寄付され，鹿児島では，屋久島の保全に役立てられている。

CRMを実践する企業の社会的コーズ（主張）には賛同できたとしても，それを商品の売上と連動させずに，個別の取り組みとして実施した方が良いのではないかと，根本的な疑問を持つ消費者もいるかもしれない。

実際，CRMに対する印象は，ケース・バイ・ケースで変化しやすいため，一概に評価するのは難しいと感じる消費者も多いだろう。

潜在顧客もしくは顕在顧客，どちらの立場であっても，私たちは国内外のCRM 事例を通じて，各組織が '企業市民（corporate citizen）（Class 1）' へと向かう，発展プロセスの独自性を垣間見ることができるように感じている（人が，市民として権利や義務を有するのと同じように，企業も '地域社会の一市民' という自覚を持つケースを指す）。

つまり，価格の差別化という一点にとどまらず，どのような企業文化のなかでうまれた商品・サービスなのか？といった，一連のコミュニケーション・フローに着目する人々をターゲットにした，情報提供の工夫と捉えることもできるだろう。

通常 CRM では，一人ひとりの負担は少額に設定されるが，（各プロジェクトの目標金額を上回る）総額の結果に驚かされることは，決して少なくない。相互扶助を意識した多様な企業活動のカタチが，新しい社会システムの一翼を担うものと期待される。

4. 日本の民生（家庭・業務）部門でみられる矛盾
ジェボンズ・パラドックス

日本の製造部門では，社内の環境管理に積極的に取り組んできた。その結果，品質マネジメントの規格（ISO9001）に加え，環境マネジメントシステム（ISO14001）などの認証の取得も活発になり，日本における ISO14001 の認証取得件数は，世界トップ水準にまで増加した（ISO 2010）。

ISO（国際標準化機構）の認証取得をひとつのきっかけに，CSR（環境・コンプライアンス・人権・雇用問題など）を個々の対策という捉え方から，（持続的な競争優位を築く）経営戦略の一環として位置付けるようになった企業は多いだろう（近藤 2011）。

環境技術が普及することで，日本における '水のマネジメント' は進み，2009年における「回収率（工業用水の使用量に対する，回収水量の割合）」は，78.8％まで上昇した（経済産業省 2012）。しかし，日本の家庭・業務部門といった民生部門での資源・エネルギー利用の現状をみると，環境先進国とは言い難い。

家庭・業務部門を対象とした，近年の国内におけるエネルギー利用について

分析を行い，環境支援策（トップ・ランナー基準）が，一般消費者の資源利用に与える影響を考察した。

トップ・ランナー基準とは，1990年代後半に，高効率の電気機器を普及させる目的で，メーカーに課せられた義務であり，その結果，家庭・業務部門では，エネルギー効率の高い電化製品が多くみられるようになった。

ところが，このような機器単体のエネルギー消費効率の向上が，必ずしも，家庭・業務部門全体の環境改善（エネルギー消費量の減少）にはつながっていないという矛盾が生じている。

これは，新しい機器を購入することで「エネルギーを有効利用できる」という人々の意識向上は見られるが，「（例えば，家庭内の）'総合的な'エネルギー利用の効率を改善させよう」という認識は十分でないことを示すものかもしれない。そのため，気がつけば（大小サイズを含む）省エネの新型テレビが，食卓近くに1台，寝室に1台，ゲーム用にまた1台というように，家庭内で増えていく。

（テレビに限らず）機器単体の省エネ効果が，総合的な使用パターンの変化に即座に追い付くことは難しい。（製造部門の動向とは異なり）日本の家庭部門では，"ジェボンズ・パラドックス（矛盾）"という社会現象が，さらに拡大する可能性が示されている（Kondo 2009）。

"ジェボンズ・パラドックス"とは，英国の経済学者ジェボンズ（William Stanley Jevons）によって指摘された現象で，省エネ技術の導入が，かえって全体のエネルギー消費量を増大させうる，という逆説的なケースを指す（ジェボンズが活躍していた19世紀の英国は，産業革命によって生産技術が劇的に進歩したが，技術の活用が進めば進むほど，街全体における石炭の使用量が増加したことに由来する）。

このような資源問題を改善するには，環境技術の評価に加えて，その社会的な影響についても踏まえておく必要がある。その一環として，環境への取り組みを評価する'サステナビリティ（持続可能性）'指標の開発は今も続く。

その一例として'エクセルギー（exergy）'の応用が，挙げられる。

エクセルギーとは「利用可能なエネルギー（available energy）」のことで，エネルギーの価値を表す（IAE 2009）。

また，エクセルギーは，統計資料をもとに計算しなければ見えない数値であるが，総合的なエネルギー利用効率を捉えることができるため，今後のエネルギー政策には大切な視点と評される（山地 2006）。

　諸外国では技術者だけでなく，社会科学分野の研究者による（複数の国々を対象とした）部門別のエネルギーとエクセルギーの比較分析も行われている。

　例えば，近年の日本の家庭部門では，エネルギーとエクセルギー利用効率に大きな乖離がみられた（Kondo 2009）。この乖離を解消するために，有効な手段のひとつは，家庭内でのエネルギー源の多様化であろう。

　それによって利用者に提供される選択肢（オプション）の設計には，高性能な商品の提示と，有効なサポート体制（EMS：エネルギー管理システム）のバランスも忘れてはならない。高効率照明の普及や，電気・ガスの効率的な利用を促す「家庭内スマートメーター」導入などが進められている。

　さらに，街全体を対象とした"環境ソリューションビジネス"を展開し，エネルギー・マネジメント支援事業に参入する企業も見られる（スマート・シティに着手する事例は，Class 9 参照）。

　産業部門の研究・開発（R&D）の動向を踏まえつつ，各種エネルギー・マネジメント改善支援サービスの波及効果を捉えることは，今後，途上国での新しい社会インフラ構築にも貴重な示唆を授けてくれるものではないだろうか。

　Class 4 では，企業と消費者をつなぐ CSR コミュニケーションの試みを紹介する。

＊＊＊

Class 4
消費者とCSR

Q4. 魅せるCSRコミュニケーションの特徴とは？

1. コミュニケーション能力の迷走

「コミュニケーション能力……」これほど幅広く，何とでも相手に都合良く解釈されてしまうスキルもないだろう，といつも思う。どこか謎めいたものであるにもかかわらず，企業が学生に求める能力No.1に輝くことは多い。

おそらく，周囲の状況に応じて，話す分量・タイミングなどを調節しながら，物事を推し進めていく能力なのかもしれないが，これは，本人がシミュレーションで磨くようなスキルというよりも，（メッセージを伝えようと試みる）ターゲット層（年齢・性別といった属性）や，今従事している業界・職種の慣習，さらには国々の文化的背景といった，さまざまな要素の組み合わせによるところが大きい。

文化的背景というのは，大きく2つに分類される。

米国の文化人類学者のエドワードT. ホール博士によって提唱された'ハイコンテクスト文化（High context culture）'と，'ローコンテクスト文化（Low context culture）'だ（Boone and Kurtz 2006）。コンテクストとは，共通の知識・価値観などコミュニケーション形成の基礎となるものを指す。

前者は，多くの時間を一緒に過ごすなかで，共有するコンテクスト量を増やし，（説明が少なくとも）自然にメッセージが伝わることを期待する文化であり，'聞き手の，察する力'にゆだねられてしまう。日本は，これに該当すると言われている。

後者は，言葉でのやり取りに重きが置かれ，'話し手の，伝える力'に期待するところが大きく，責任も重い。そのため，ロジック（論理的思考力）の習得がコミュニケーションの場面において，極めて重要な意味を持つ。米国は，こ

の分類に含まれる。

　CSR のコミュニケーションで，気を付けたほうが良いと感じることを，ひとつ挙げるとすれば，日本が，'ハイコンテクスト文化だという思い込み'を捨てることだろう。つまり，(阿吽の呼吸で伝わる) ハイコンテクスト型のコミュニケーションの居心地の良さと，ローコンテクスト型の明快さを，使い分けるという意識改革が必要なのかもしれない。

　例えば，CSR コミュニケーションにおいて，ローコンテクスト型を重視するメリットは，背景・目的・実績についての情報が明確となり，同業他社が実践する CSR との差別化が可能となる点だ (CSR に多様性がうまれることは社会全体にとっても望ましい)。

　長期的な CSV (Class 5) においては，(双方向コミュニケーションの核である) フィードバック過程での'ローコンテクスト型の認識'の有無が，社会的波及効果にも大きな違いをもたらすと考えられる。

　(CSV に未着手の組織であっても) 社内広報や，対外的な活動 (就活生への説明会など) で，ローコンテクスト型のコミュニケーションが求められる場面は増えていくだろう。

　Class 2 で述べたように，企業説明会からすでに CSR は始まっている。

　そのため，使い慣れた言葉であっても，その言葉の受け止め方が企業側と学生で異なる可能性にも配慮することが求められる。

　例えば，人材登用システムの説明において，「ある一定のレベルに達すれば，さらに上のポジションにも，チャレンジしていくことができる仕組み」を，'資格'というような言葉で置き換えてしまった場合，学生は，資格は'取るもの'と理解し，通常の資格試験のように一定の点数があれば，当然得られる権利だと捉えてしまうかもしれない。

　一方，企業側では，(本人の努力はもちろんのこと，職場の状況に応じて) 資格は'与えるもの'というスタンスで運用されているケースもありえる。

　また，'留学制度があると聞き，その資格を得たので応募した途端，新しい部署に異動させられて，使わせてもらえない制度だった'というように，コミュニケーションの誤解によってやる気を削がれ，勤務先への信頼を損ねる結果にもなりかねない。

近年の就活関連の書籍は，ロジックの大切さや，そのポイントを解説したものがみられ，就職面接のヒントとして，分かりやすく人気があるようだ。
　ところが，忙しい現場では，ロジックや言葉への配慮が浸透しているとは限らない。それを，異なるコミュニケーション・スタイルが混ざり合う独自文化の形成だ，と捉えれば学問的には興味深い面も有しているが，乱立するコミュニケーション・スタイルの狭間で，右往左往する若者は多いらしい。
　最近，学外シンポジウムなどで，企業の採用担当者の方とお会いする機会が増えた。そこで，今どきの若者の'婉曲なコミュニケーション'について話題になったことがある。本当は自分からの要望であっても，情報の発信源になることを避けて，どこからともなく自然発生的にでてきた提案として，伝言してくる傾向が目立つ，と言うのだ。
　話し手に中立の立場を貫かれると，提案への本気度が見えないため，聞き手としては困惑する。しかし，彼らを責めるつもりはまったくない。
　なぜなら，それが，今日の複雑に混在するコミュニケーション文化の荒波に飲み込まれぬよう，彼らが到達した'コミュニケーション能力'かもしれないからだ。
　今後のCSRやCSVを担う彼らが，主体的に発言できる環境づくりは，今後の大きな教育課題だろう。
　これまでの社会人の感覚からは，「当然だ」と想像されることであっても，現在，社会で共有するコンテクストの量は案外少ない……ということを，多くの職場・教育現場で真摯に受け止めていかなければ，CSR，CSVの共進化を実感することも，ジョブのミスマッチを解消していくことも難しいと思う。
　今回は，PART I「CSRの変遷」に関する最後の章として，CSRと消費者のコミュニケーションの現状・課題について考えていきたい。

2.「環境ブランド調査」と「CSR評価ランキング」

　近年，紙媒体やHP上に公表されているCSRレポートの多くは，もともと環境報告書からスタートしている。そのため，CSRという言葉から，環境というテーマを，真っ先に思い浮かべる消費者は多いかもしれない。

表 4-1 「環境ブランド調査 2012」(上位 15 社)

1	サントリー	6	イオン	11	サッポロビール
2	トヨタ自動車	7	日本コカ・コーラ	12	キリンビバレッジ
3	パナソニック	8	アサヒビール	13	セブン・イレブン・ジャパン
4	シャープ	9	キリンビール	14	東芝
5	日産自動車	10	ホンダ	15	ブリヂストン

出典：桜井，河村（2012）を基に筆者作成

　ここでは，環境コミュニケーションの浸透度に関する調査と，それ以外のCSR 項目について調べたものの 2 種類から，近年の「CSR と消費者のつながり」について見ていく。

　「環境ブランド調査 2012（日経エコロジー，日経 BP 環境経営フォーラム：EMF）」は，560 社における環境への取り組みが，全国の消費者（約 2 万人）にどのように受け止められているのかをつかむ約 1 ヶ月間のインターネット調査で，雑誌など複数の媒体を通じて，約 10 万人に案内が出された（表 4-1）（男女別や，ビジネスパーソンと主婦といった回答者の属性別での結果も公表されている）。

　過去 10 年間，トヨタの環境ブランドの総合指数が，1 位の評価であった。その後，2010 年にはパナソニック，2011 年より 2 年連続で，サントリーがトップとなっている（中西 2011）。

　サントリーホールディングスのエコ戦略本部の担当者によると，活動内容（例：容器の軽量化・リサイクル・水源地の保全）だけを見れば，他社との特別な違いは意識していないそうだが，コミュニケーション戦略として，「伝わりやすさ」を重視してきたことが高い消費者評価につながったと分析する（谷口 2012）。

　本調査は，2000 年から毎年行われており，（各企業または企業グループの）総合評価として「環境ブランド指数（偏差値平均 50）」が算出される。総合評価のための 4 指標を，以下に示した（LAP 2006）。

1.「環境情報の接触度」
　　当該企業が行っている環境活動の情報を，"どれくらいの頻度で，見聞

きするか？"最も当てはまるものを1つ選ぶ（よく見聞きする，時々見聞きする，どちらともいえない，あまり見聞きしない，まったく見聞きしない）。
2.「環境コミュニケーション」
　　当該企業の環境活動について，"どこから情報を入手しているか？"当てはまるものを選ぶ（情報源：テレビCM，企業のHP，商品やサービス，新聞記事，新聞広告，テレビ番組，ニュースサイト・情報サイト，雑誌広告，雑誌記事，知人等，企業主催のイベント・展示会，環境・CSR報告書）。
3.「環境活動のイメージ」
　　当該企業の環境活動に対して，"どのように思っているか？"を知るためのイメージ項目は下記のとおりで，各項目を選んだ回答者の割合が，公表されている（桜井，河村 2012）。
　　【；；】内には，第13回調査で，各項目のベスト3である企業名を記載した（下線は，今回からベスト3に入った企業を表す）。
・省エネルギーに努力している【トヨタ；パナソニック；シャープ】
・地球温暖化防止に努めている【トヨタ；日産；サントリー】
・リサイクルに力を入れている【日本コカ・コーラ；サントリー；イオン】
・省資源に努めている【日本コカ・コーラ；サントリー；パナソニック】
・廃棄物削減に力を入れている【サントリー；ブリヂストン；日本マクドナルド】
・有害物質の使用削減に努力している【パナソニック；ENEOS；花王】
・大気，水，土壌などへの排出抑制に力を入れている【サントリー；サッポロビール；アサヒビール】
・生物多様性や動植物資源の保全に努めている【サントリー；山田養蜂場；住友林業】
・自然保護に力を入れている【サントリー；住友林業；アサヒビール】
・環境活動において，消費者や地域住民，NPOなどとの連携や協力に力を入れている【イオン；サントリー；JT】
　　下線で示された企業をみることで，どのような「情報の伝え方」が，一般消費者にとってインパクトがあったかを，知る手がかりとなる。

例えば，アサヒビール，ENEOSなどの大企業が行うCRM（CSRマーケティング Class 3）の影響も考えられるが（同じ'環境'というテーマの中でランクインした企業名にばらつきがあることや，新たにベスト3に入った企業数も多いことから），「各活動がどの項目に該当するか」について，消費者が新しく見聞きする情報を分類・比較する傾向は高まっているようだ。

前述のプラスの環境イメージに加えて，下記のマイナスの環境イメージも調査されており，電力・運輸・石油会社などに対する厳しい評価が目立つ。調査では，両方のイメージを踏まえた総合評価が行われている。
・地球温暖化を進めたり，エネルギーを無駄遣いしている面がある
・効率的な資源利用や，廃棄物の量・処理法などに課題がある
・有害物質を使用したり，大気・水・土壌などを汚染している
・生物多様性や動植物資源の減少，自然破壊を進めている

4.「環境活動への評価」

当該企業を"環境の面からどのように評価しているか？"について，回答する（例：とても評価している，少し評価している，どちらともいえない，あまり評価していない，全く評価していない，知らない・分からない）。

留意すべき点は，ネット調査であるため，必然的にネットによる広報に力を入れている企業が有利になりうるというバイアスも踏まえつつ，結果を解釈する必要はあるだろう。

私も一人の消費者として，上記の4指標を捉えた場合，1「環境情報の接触度」と2「環境コミュニケーション」に該当する企業は多い。ところが，その中から，3「環境活動のイメージ」と4「環境活動への評価」につなげるのは，かなり難しいことに気付かされる。そのような場合は，ターゲット層の特定が十分でないなど，コミュニケーション・デザインに何らかの問題があるのだろう。

多大な時間・費用をかけ活動を実践している以上，4「環境活動への評価」につながり，今後の発展を期待されるような，正のスパイラルを生みだす工夫が必要と考えられる。

サントリーの環境コミュニケーションのポイントは（一見すると不特定多数に向けた HP での情報発信であるが），桜井，河村（2012）によると少しでも関心を示す消費者の目にとまるよう，メールマガジンで案内を出し，HP 上の'魅せる CSR 動画集'へと誘導していることだ。つまり，熱心なステークホルダーに対しては，このメールマガジンが 2「環境情報の入手先」の役割を果たす。そして，3「環境イメージ」と 4「環境活動の評価」へとつながっていくような，コミュニケーション・デザインを無意識のうちに感じとることができる。

　「水と生きる。そして，水があらゆる生き物の渇きを癒すように，社会に潤いを与え続ける企業であること（サントリー 2012）」という活動理念が，各ページから伝わってくる。

　例えば，森林の保全活動の目標は，「森が育む地下水の量＞工場で使用する地下水の量」で，数百年先の環境を考えているといった，分かりやすいメッセージが，多くの動画とともに紹介されている。

　私も大学で環境の授業を担当したとき，できる限り動画や写真を取り入れるように心がけていた。短時間でも映像に接した方が，「購買活動が間接的にグローバル社会に与える影響」や，「環境負荷の軽減を目指す企業の取り組み」そして，「自治体の環境政策」にも興味が増すというコメントが多かったからだ。

　また，サントリー HP の子どもたちに向けた「水育」のサイトでは，情報提供しながら，水のクイズや，新しいページを閲覧するごとに少しずつ花が咲くミニアイコンが出てくるなど，子どもたちが興味を示す工夫も施されている。

　「水育」の出張授業の募集も行われており，その事前授業の教材は，水育プログラムに申込みを希望する小学校に提供される。

　サントリーの取り組みは，HP からの情報提供にとどまらず，「学びの場」としての役割を果たしている。これは，（Class 9）GE の「エコマジネーション（Ecomagination）」の取り組みとも共通する点だろう。

　環境ブランド調査の中には，選択項目だけでなく，自由記述の項目も設けられている。

　自由記述で多かったのは，桜井，河村（2012）によるとブリヂストンの技術を生かした「リトレッド」（販売店でのタイヤ表面の張り替え技術）への高評価だと言う。そして，日本コカ・コーラが，東日本大震災の後，迅速に行った自

表 4-2　CSR 情報の伝達度（環境分野以外）（上位 15 社）

1	サントリー	6	ホンダ	11	東芝
2	トヨタ自動車	7	キリンビール	12	パナソニック
3	日産自動車	8	イオン	13	ヤマト運輸
4	日本コカ・コーラ	9	ソニー	14	シャープ
5	セブン・イレブン・ジャパン	10	アサヒビール	15	サッポロビール，日本マクドナルド

出典：桜井，河村（2012）を基に筆者作成

表 4-2 のもととなった CSR 項目
・消費者や顧客への対応が，しっかりしている
　【日本マクドナルド；イオン；セブン・イレブン・ジャパン】
・社会や，地域に対する貢献活動に取り組んでいる
　【サントリー；イオン；トヨタ】
・文化，芸術，学術，スポーツ，科学などの復興，支援を行っている
　【サントリー；トヨタ；日本マクドナルド】
・災害からの復興支援を，積極的に行っている
　【ソフトバンク；ソフトバンクモバイル；セブン・イレブン・ジャパン】

動販売機の節電も一例として挙げられていた。

　やはり，一般消費者による環境ブランドの形成には，「テレビ CM と身近な日常風景が連動することによる相乗効果」が，ネット広報に匹敵する影響力を持つことが分かる。

　今回の調査で，サントリーは環境以外の CSR 項目を対象とした総合評価においても，トップになった（表 4-2）（前回は，トヨタに次ぐ 2 位であった）。

　多くの消費者が「環境活動の観察・分類（表 4-1）」に加えて，「（環境分野以外の）CSR 項目（表 4-2）と環境活動のバランス」もひとつの大きな企業ブランドとして，俯瞰的に捉えている傾向を読み取ることができる。

　環境ビジネス・技術に関するイベントでは，中小企業による興味深い取り組みが紹介されている。これらの新しい芽は，その後，大企業や研究機関との共同研究・開発を通じて，エコ商品・サービスとなり，消費者の生活のなかに普及していくのが，一般的な流れだ。

　CSR 企業ランキングや SRI（Socially Responsible Investment: 社会的責任投資）などでは，幅広い項目に着手できる大企業が中心となってしまう傾向は否

めない．

　中小企業のすばらしい着眼点や技術を，一般の消費者が直接評価できる機会は十分ではないかもしれないが，徐々に国内での認知度を高めながら，諸外国で大きなシェアを獲得し，グローバル企業に成長したケースもある（Class 13 参照）．

　組織の規模にかかわらず，新たなコミュニケーション戦略の知見を得ようとする姿勢は，CSR，CSV を円滑に進める潤滑油の役割を果たすだろう（CSR レポートを通じたコミュニケーション事例は，企業広告・レポートに関する Class 7 に譲ることとしたい）．

　今回の調査の上位にランクされているのは B to C の企業が中心であるが（表 4-1, 4-2），B to B 企業もコミュニケーション戦略の過渡期を迎えていると思われる．

　これまでは業務用の製品として流通していたものが，次節の例のように，徐々に家庭用の製品・サービスへと応用されていく過程で，新しいエコ技術の認知度が高まっていくという情報伝達パターンが見られた．

　しかし，今後は（安心・安全を求める消費者のニーズに対応すべく），製造プロセスに携わるすべてのサプライチェーン（B to B 企業含）も，一般の消費者層に積極的にコミュニケーションを図り，存在価値を高める活動がますます求められていくだろう．

　消費者と同じく，ステークホルダーである投資家の間では，CSR に熱心な企業に高評価を与える傾向が続いており，その理由は，環境汚染の対策や省エネを実践することで，コストとリスク両方の削減が期待できるからだと言う（日経産業新聞 2012）．

　（B to B，B to C，事業規模の違いを超越した）CSR 活動への評価・諸外国での認知度が国内消費者にも伝わるようになれば，SRI 市場の拡大や，グリーン・イノベーション創出のインセンティブを多くの企業に与えることができるかもしれない．

3.「見える化」を通じた消費者とのつながり

3-1. 旭化成エレクトロニクス「CO_2 の見える木」

環境・健康分野などにおける「見える化」は（製造業・非製造業の差異に関係なく），消費者とのコミュニケーションにおいて大きな役割を果たす。

環境ビジネスの展示会に出席した時のこと，企業ブースの前に置かれていた1本の木が目にとまった。幹の部分は明るい緑色で，そこから伸びた何本もの枝は，半透明の白色だった。

「どうぞ，息を吹きかけてみてください」と案内され，指示されたとおりにすると，一瞬で幹の色がみどりから赤に変わった。これは，量子型赤外線センサを応用した「CO_2 の見える木」という旭化成グループのデモ展示だった。

旭化成エレクトロニクスのCSRレポート（2011）によれば，量子型赤外線センサは，「人の検知や，CO_2 濃度の測定をおこなう省エネ用のセンサ」なのだと言う。

これは（従来のセンサと違って，動いていない人の検知もできるため），利用者がいないときに，家電製品や照明などの電源を OFF にして，電力消費を抑えることに貢献する。

また，CO_2 センサとして空調機器に搭載されれば，必要以上に外気を使わずに適切な換気ができるため，省エネ効果が期待できる。

3-2. タニタ「健康をはかる」

タニタは，「健康をはかる」ことを軸に，さまざまな形で'見える化'を実践し，ステークホルダーとのコミュニケーションを活発にしようと試みる企業の一例だ。

同社は，（体脂肪の計測機能付き）体重計，血圧計，万歩計，睡眠の度合いを計測するマットなどの，幅広い健康器具や医療機器を製造・販売している。

タニタ（2011）によれば1990年，栄養・運動指導を行う目的で，ベストウェイトセンターを設立したが（図4-1），当初は，味覚よりもカロリー重視のメニューであったために，受講者のニーズに十分答えられるものではなかったと言う。

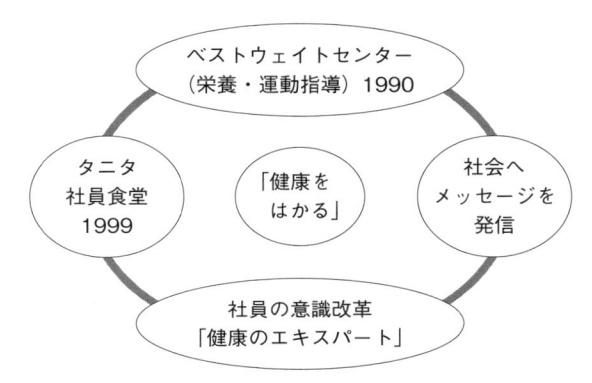

図4-1 タニタの事例：社員の意識改革と企業メッセージの発信
出典：タニタ（2011）を基に筆者作成（近藤 2012b）

　そこで，満足度とカロリーの両立を目指すメニューの開発へと方針転換した。この新しいメニューが社員食堂で提供されたことで，多くの社員の健康に対する意識の変化や，体調の改善もみられたそうだ。
　その後，社員食堂のレシピ集が一般に公開され，230万部を超える売り上げを達成したことは，よく知られている。
　このように，社内の一活動を広く社会に発信することで，（本業である健康グッズに興味を持つ）潜在的な顧客の開拓にもつなげるという，コミュニケーション・デザインが誕生した。
　ただし，潜在顧客というのは，レシピ集を購入して，料理を作ってみようとする人たちに限らない。そこで，調理されたものを気軽に食す，そして藤沢（2012）によれば希望者は，健康についてアドバイスも受けられる「丸の内タニタ食堂」がオープンした。ビジネスパーソンから若年層にもターゲットは広げられ，大学の食堂でも何品か提供されているのを見かけた。
　また，他社とのコラボ商品として，コンビニなどでみかける100kcalデザートの販売（森永乳業 2011）や，「500kcalまんぷく定食」メニューが一機能として搭載された電子レンジも販売されている（Sharp 2012）。その広告には，調理に必要なクッキング・スケールやタイマーといった「健康をはかる」グッズも紹介されていた。他社との連携を通じて，従来の計量機器メーカーの枠を超え

た，健康の「見える化」を進めている。

3-3. エコロジカル・フットプリント概念を応用した Timberland 社の "The Green Index Rating"

　魅せる CSR コミュニケーションには，外部評価を受けた証として取得する The ISO 14000 family 認証（Environmental Management に関連した国際規格）だけでなく，本章1節で取り上げた Low context culture の要素を踏まえた独自の工夫も必要と考えられる。その一例が，直感的な理解を促す Index の活用だろう。

　ブーツなどのアウトドア用品を扱う Timberland 社が用いている "The Green Index Rating" は，（コミュニティの持続可能性を測るための環境分析手法として知られる）「エコロジカル・フットプリント」を応用した，各ブーツの環境負荷を表す指標である（The Green Index Rating (0-10) が低いほど，その商品の環境へのインパクトは小さい）。

　フットプリントとは足跡を意味し，私たちが日常生活を送るなかで，どれくらいの足跡を地球に刻んでいるか，つまり，人間の活動が及ぼす自然界への影響量（食料供給のための耕作地・水域や，経済活動で排出される CO_2 の吸収に必要な森林などを含む）を土地面積に換算したもの（単位：グローバル・ヘクタール）を，エコロジカル・フットプリントと呼ぶ。

　これは，地球環境への依存度を知る1つの手がかりでもあり，日本人と米国人1人当たりのエコロジカル・フットプリントは，それぞれ約 4gha と約 7gha per capita で，世界平均の生物生産力を大きく上回るそうだ。例えば，もし世界中の人々が，米国人のライフスタイルへと急変したら，およそ地球4個分の土地面積が必要という試算を導く（Global Footprint Network 2012）。

　Timberland 社の The Green Index Rating（0～10）は，下記の3要素の平均値によって，求められている（Timberland 2012）。

1. 気候への影響（Climate Impact）

　　各材料の生産から商品製造までの一連のプロセスにおいて発生する温室効果ガスの排出量（$kg\text{-}CO_2$）を算出後，0～10 のスケールに換算（10 = $100kg\text{-}CO_2$ 以上であるため，0～10 は，0～$100kg\text{-}CO_2$ に該当し，0 とな

るには，2.49kg-CO_2 以下が求められる）。
2. 化学物質の使用（Chemicals Used）

　　ここで対象となる化学物質は，靴などのアパレル製品で広く使用されている，ポリ塩化ビニル（PVC）と溶剤型接着剤である。靴に PVC が使用されている場合は，2.5 ポイントが加算される。同様に，溶剤型接着材が一般的に用いられる靴の3ヶ所のうち，どこかに使用された場合は，2.5 ポイントが加えられ，すべてに適用されれば，7.5 ポイント追加されてしまう（同社では，材料および靴の製造において使用される化学物質を可能な限り減らし，より安全で環境にやさしい代替素材の使用を進めていると言う）。

3. 資源の消費（Resource Consumption）
・リサイクル材料（消費者や産業廃棄物からの回収材料）
・オーガニック素材（化学肥料を使用せずに有機栽培された，オーガニック・コットンやウールなど）
・'再生可能'材料（Timberland では，麻や竹のように成長が早い植物の効率的な利用を指すと言う）

　　靴1足の重量に占める，上記3種類以外で使用した材料の重さを算出し，0〜10に換算する（0 = 100%リサイクル，オーガニック，'再生可能'材料を使用；10 = これら材料の使用がない場合）。

　　同社では，省資源の観点から製造活動が行われるため，土地・水資源の大量消費を伴わない材料選択や，化学物質の削減により「資源消費」の数値を低下させることを目指しているそうだ。

　Timberland 社が，このような Green Index を表示するに至った経緯は，食品に添加物などの詳細がラベルに記載されているように，アウトドア用品についても消費者にその品質の良さを伝えると同時に，各製品を比較検討するために役立つ数値化が必要だと感じたからだ。それを集約した一文を HP で紹介している。

　"Every Timberland shoe carries a "nutrition label," just like one you'd see on your cereal box（Timberland 2012）."（Timberland の靴には，シリアルの

箱で見かけるような'(栄養)成分表'が付いてきます)。

　米国の高校に入学したばかりの頃,「自分の成分(Ingredients)を書いた,オリジナルな箱をデザインしなさい」という宿題が課されたことがあった。皆それぞれ,カラフルに装飾した箱を持ち上げて,全員の前で自己紹介をしたことを(TimberlandのGreen Indexの画像を見た時),久しぶりに思い出した。今思えば,あの宿題は自己理解を促し,他者に直感的なメッセージを伝えるひとつの効果的なプレゼン方法だったのかもしれない。

　この「直感的理解」という言葉は,数学が多用されるような授業や教科書の中で,たびたび出会う。CSRコミュニケーションの受け手である消費者にとって,「(買い物を含む)日常生活の中で,数値化されたCSRの直感的理解が得られるかどうか」が,評価基準へと成長していくのかもしれない。

　店頭で果物を選ぶ時,数値で示された「今日の糖度」を参考にするように,学術分野で提唱されている環境の指標などを,自社のCSR Indexづくりに応用する試みは,消費者との距離を縮める一歩となりえるだろう。

　「求む,グローバル人材」といった,力強い人物像を描く募集要項を見かけるようになって久しい。

　異なる文化・歴史的背景を理解するだけでなく,実際に立場の違う人々にどのようにメッセージを伝え理解を促していくのか,そして逆の視点から,相手のニーズを学び,新しいコミュニケーション・デザインの可能性を模索していくことができる人材の育成が求められているのだろう。

　学問 vs. 実務という先入観にとらわれ過ぎずに,さまざまな分野で「見える化」を実現させようとしているパイオニア精神をもった組織こそ,グローバル人材の宝庫と呼べるのかもしれない。

＊＊＊

PART II

CSV（共通価値の創造）戦略：進化型 CSR の誕生

Class 5
CSV（Creating Shared Value）とは

Q5.（中・長期的目標に関する）CSR と CSV の違いは？

1.「フェアトレード」は CSR なのに，CSV ではない理由

　これまで何度か出てきた「持続可能性（サステナビリティ）」というキーワードは，戦略的 CSR 活動の特徴の1つであった。

　その例として，'フェアトレード（農作物を生産する人々の生活を支えることができる，公正な価格で取引・販売する取り組み）'を重視するグローバル企業も増えてきているようだ。

　(Class 2 で紹介した Nike の事例のように) Starbucks は以前，国外の生産者に対して十分な配慮ができていないと指摘されたことがあるが，Starbucks (2010) によれば，同社は世界最大の「フェアトレード認証コーヒー」の購買者となり，現地のコーヒー豆生産者たちの生活が維持できるよう，公正な価格での購入を心がけていると報告されている。

　このようなフェアトレードの実践によって購入価格が改善され，'持続可能な生産活動'をサポートする姿勢は素晴らしい。ただし，CSV（Creating Shared Value: 共通価値の創造）経営と呼ばれる，進化型の CSR では，サステナビリティの次の段階を目指す。

　それは，「（サステナブルでありながら）現場の人々の手で，さらに'発展可能性'を追求してもらえるようなシステムの構築」を意味する。

　Starbucks の例では，フェアトレードに加え，作物を育成するための教育活動（例：土壌改良）にも着手しており（Starbucks 2012），これは CSV 推進の一環と言える。

　なぜなら（フェアトレードという購入価格面のサポートだけでなく），生産者コミュニティ全体に，新しい栽培ノウハウが蓄積され，現地生産者グループが

自発的に'発展可能性'を意識し始めるからだ。

　このように，地域経済の活動を活性化させるためには，目的意識を共有できるビジネス・パートナーの存在が不可欠である。それと同時に，地場産業が育つよう基盤整備を支援していくことも，CSV（共益の創造）への大きな弾みとなる。

　CSRとCSVの間を分かつ特徴は何か？と問われれば，それは「多くの労働者が，潜在能力を発揮できるような，裁量が与えられていること」ではないかと思う。

　CSVのコンセプトを提唱したPorter and Kramer（2011）では，西アフリカのコートジボワール共和国におけるカカオ豆農家の事例を用いて，CSVの意義とこれまでのCSRとの違いを，「再分配か否か」という視点からも読み解いている。

　Porter博士によれば，フェアトレード（適正な価格での農作物の取引）は，農家の収入額増加のきっかけであるが，かれらの生活水準の大幅な向上には必ずしも直結しなかったそうだ。

　例えば，コートジボワールでは，フェアトレードによる所得向上は10〜20％にとどまる。しかし，共通価値を創出する取り組み（例：土壌改良・農作物の栽培技術に関する指導・関連する産業集積の強化等）では，300％の向上可能性が示された。

　一言で言えば，フェアトレードは素晴らしい社会貢献であるが，その焦点はあくまで富の再分配（Redistribution of Wealth）であって，CSVには到達していないという結論である。

　短期的な「改善」ではなく，長期的な社会的「変革」を実現するためには，共通価値を育むこと。そして，浸透させることが求められる。

　今後，さまざまな経営主体が，事業活動と社会発展の両立を図るうえで，独自の強みを生かしたCSV initiativesに着手していくだろう。

　表5-1は，マーケティングとCSR活動の変化を表している（マーケティングとは，4Pもしくは5Pなどの要素を踏まえた，売るための仕組みである。4Pには，製品（Product），価格（Price），流通チャネル・場所（Place），プロモーション（Promotion）が含まれており，これらにパッケージ（Package）が加わ

表 5-1　企業の社会的責任（CSR）活動に関する 4 視点と CSV の特徴

CSR の異なる視点と CSV	視点の概要	表 1-1 との関連
Minimalist（CSR に批判的） ↓	納税および法令遵守	
Defensive（守りの CSR） Cynical（偽善的 CSR） ↓	批判を回避するために行う義務的 CSR 何かを隠すための CSR （例 "greenwash"）	CSR1.0
Conscientious （攻めの CSR ／戦略的 CSR） ↓	（直接的利益以外の）社会的責任も重視。 事業活動と CSR のつながりを認識	CSR2.0 〜 3.0
【CSV】 Creating Shared Value 【共通価値の創造】	戦略的 CSR の強化とプロセスの具体化 社会的価値は事業の核 （社会と事業の強いつながり／ 　双方にとって高水準の成果） 　1．製品と市場の見直し 　2．自社のバリューチェーンの生産性 　　を再定義 　3．企業が拠点を置く地域を支援する 　　産業クラスター（集積）をつくる	CSV

出典：Bovee and Thill（2008），Porter and Kramer（2011）を基に筆者作成（近藤 2012b）

ったものを 5P と呼ぶ）。

　企業のマーケティングは，「製品重視」から「消費者重視」の過程を経て，「社会とのつながり」を深める段階に入り，それとともに，企業の社会的責任（CSR）活動にも変化が見られるようになった。

　寄付や，フィランソロピー（社会貢献活動）のレベルから，本業とのつながりに着目した'戦略的 CSR（CSR3.0）'への発展は，さらに進化を遂げ「CSV: Creating Shared Value（共通価値の創造）」という，ビジネス・スタイルが提唱された（Porter and Kramer 2011）。

　日本では，近江商人の「三方よし（売り手よし，買い手よし，世間よし）」といった考え方が知られているため，CSV 経営論に特段の新しさを感じないか

もしれない。しかし，CSV は（後述する例で示すように），コミュニティレベルで始まったものであっても，広範囲に急速に広まる勢いや発展への息吹が感じられる。

CSV の特徴（表 5-1）をもとに，(Class 1 の表 1-1 で紹介した）戦略的 CSR から，どのような変化がみられるかに着目してほしい。

具体的には「社会と本業の関連性をより強固にすることで，（地域社会と企業）'双方が高水準の成果' を挙げる」3 つのプロセスに力点が置かれている。
1. 製品と市場を見直す。
2. 自社のバリューチェーン（価値連鎖）の生産性を再定義する。
3. 企業が拠点を置く地域を支援する，産業クラスター（集積）をつくる。

まず，表 5-1 の 2.「バリューチェーン（Value Chain）」も，Porter 博士により提唱された企業分析のフレームワークであり，'主活動（Primary Activities）'と'支援活動（Support Activities）'をそれぞれ，「購買物流（Inbound Logistics）・製造（Operations）・出荷物流（Outbound Logistics）・マーケティング＆販売（Marketing & Sales）・サービス（Service）」と，「全般管理（Infrastructure）・人的資源管理（Human Resource Management）・技術開発（Technology Development）・調達活動（Procurement）」のように分類し，最終的に提供される付加価値が，企業活動のどの部分から生み出されているかを把握するために用いられることが多い（Porter and Millar 2011）。

次に，表 5-1 の 3.「産業クラスターの育成」が，CSV 経営にとって極めて重要な理由は，産業集積ができることで新たな雇用が生まれ，（途上国の貧困撲滅に向けた）経済発展の礎を築くことができるからだ。

例えば，ノルウェーの大手肥料メーカー，ヤラ・インターナショナル（以下，ヤラ）は，共益の創造（CSV）を目指す先進企業として知られ，アフリカ（モザンビーク，タンザニア）で貧困層が恩恵を受ける'農業クラスター'を創出した。

さらに，その機能を高めるため，ヤラはノルウェー政府の支援と現地政府の協力を受け，大規模なインフラ（道路や港湾）の整備にも着手している（Porter and Kramer 2011）。

その投資の大きな成果として，都市と都市の間を結ぶ細長い人口密集地帯をつくることができた。これを回廊地帯と呼ぶ。今後，このような回廊地帯が増加・拡大すれば，物流の効率化が進むため，肥料などの必要な資源の調達がスムーズになる。零細農家の生活改善・新たな雇用創出によって，地域経済が繁栄する仕組みが構築されていく。

ヤラと複数組織の協力による，アフリカでの大規模な CSV 事例は，今後，途上国におけるクラスター形成のヒントとなるだろう。

次節では，他の先進的 CSV 経営について，2 つの事例を紹介する。

2. CSV 戦略のデザイン性

ネスレの環境と労働の組合せ

食品・飲料メーカーの Nestle は現在，CSV 経営の代表格として知られる。

同社は，Creating Shared Value（CSV）レポートを発行した。

そのなかで，従来の法令遵守（コンプライアンス）や，将来を"守る"ための持続可能性（サステナビリティ）を発展させた能動的な CSV 活動（例：栄養・水資源・農村開発）をコンセプトとして掲げている（Nestle 2011a）。

日本企業の CSR レポートも今後，CSV レポートに刷新されるものが増えていくだろう。

ネスレ（2011b）によれば，フィリピン工場建設時に，周囲のコミュニティでの Gender empowerment（女性の社会的・経済的地位の向上）として，「起業家的な雇用」が創出されている。

具体的には，無職の現地女性を対象に縫製研修を受講させた後，"Cut and Sew Project"を通じて，彼女たちに（工場向けの制服等を提供する）サプライヤーとして活躍する機会を設けた。

別の"Yard and Garden Project"では，女性たちが社員食堂用で使われる有機野菜を栽培する。また，社員へのレンタル用として，観葉植物の栽培も行っていると言う。

一般的に，女性労働・貧困・環境問題の改善は，個別に分析・評価されることが多い。しかし同社では，複数の社会的ニーズに対して横断的なアプローチ

も進んでいる。例えば,フィリピンでは(環境配慮型の)'エコロジカル・ビレッジ'を建設し,新しく居住者となった50低所得世帯に向けた教育プログラムも提供するそうだ。

CSVでは,(従来の行政システムだけでは迅速に対応することが難しい)専門領域の間を横断する問題にも,マーケット・リサーチのノウハウを生かし,柔軟にプログラムをデザインすることができる。

これは,地域社会にとって利点であると同時に,CSVデザインの中で,企業の独自性や先進性が発揮されれば,競争力を高める源泉にもなるだろう。

3. アマゾンにおける農業支援とCSV
明治の「アグロフォレストリー・チョコレート」

かつて,世界で4番目の大きさと言われた中央アジアの塩湖'アラル海'の縮小は,'20世紀最大の環境破壊'として知られている。

びわ湖の約100倍の面積と言われたアラル海が枯渇した背景には,旧ソ連時代の大灌漑事業があり,この「自然改造計画」によって,綿花や穀物の生産量は一時的に増えた。ところが,それと引き換えに,アラル海を支えていた2つの大河の水が農業用水として大量に取水されてしまい,石(2010)によれば1960年代から干上がり続けた結果,40年間でアラル海は約1/4に縮小し,周辺は砂漠化が進んだ。

農地の塩害や,漁業が継続できなくなったことで,多くの人々が職を失った。さらに,塩まじりの砂塵が広範囲に吹き荒れることによる健康被害(石田 2010)もみられると言う。

今後,近隣諸国への砂漠化の進行も懸念される。

このように,資源管理が行われなかった農業の影響は想像以上に大きく,急速なスピードで,環境変化を招いてしまう。

逆に,長期的な影響を踏まえた農業への取り組みが,環境を救うこともある。その事例が,日本企業が行うアマゾンの森林再生プロジェクトだ。

Meiji(2011)によると「生物多様性に配慮した'アグロフォレストリー(森

林農業）' で栽培された（ブラジルのトメアス産）カカオ豆を購入し，そのチョコレートの生産・販売を通じて，アマゾンの森林再生に貢献する」という，本業とのつながりが明確な CSV を実践している（2011 年 3 月より，トメアス産カカオ豆を使った「アグロフォレストリー・チョコレート」の発売が開始された）。

"アグロフォレストリー" は，アマゾンに入植した日本人移民によって行われてきた農法だ。

（病害や，収量が減少するリスクを伴う）単一作物の大規模栽培ではなく，人工的に森林をつくり，その中で複数の農作物（カカオ，胡椒，パッションフルーツなど）を育てるため，毎年，いずれかの作物の収穫が見込めるという仕組みである（山根 2011）。この「森をつくる農業」は，単作と比べ手間が必要とされるが，環境保全の有効な取り組みとして，期待されていると言う。

この CSV の特徴を 2 点挙げる。

1 つ目は（B to C の強みを生かし）商品を通じて，プロジェクトのメッセージを消費者に分かりやすく，継続的に発信している点（他の関連商品への応用も考えられるため，プロジェクトに賛同する消費者を増やすこともできる。すでに，リニューアルされた商品も販売されていると言う）。

2 つ目は「原料の産地分散」という，これまでのビジネス課題を根本的に解決し，バリューチェーンを発展させる視点からも取り組まれた経緯である。

同社では，これまでアフリカ（ガーナ産）カカオの使用が主流であったが，品質のばらつきをなくすこと，そして生産者とともに品種改良やその他のプロセスに携わりながら，より良い原料づくりを目指していたため，中南米（アマゾンのトメアス）からも調達を始めたそうだ。

Meiji の試算によれば，「アグロフォレストリー・チョコレート」が売れるたびに（カカオ豆の増産に向けて，森林農業に従事する農家が増えるため），50㎠のアマゾンの森林再生につながる。トメアス農協は，同社の分析技術を学ぶことでカカオの状態を確認でき，さらに共同改良のカカオは長期間，全量出荷できるというメリットも有している（山根 2011）。

Class 3 で紹介した CRM（Cause-Related Marketing）との違いは，特定の商品に限定されたものではなく，今後の関連商品への広がりと継続性，そして

(ガーナを含む)他のサプライヤーに対しても,良い商品開発と地球環境の保全を両立していくために,森林農業の知識の共有を進めていく方針が検討されている点だろう。

このようにCSV経営では,共有できる価値を見つけて,互いの長期的な発展に結びつけていくため(CSRと比べて),双方向のコミュニケーションの機会と重要性が増す。

つまり,企業の専門性を生かした社会貢献が,どのような形で地域社会に波及するのかという一連の流れを確認していく作業が求められる。その際,Class 4「消費者とCSR」で得た知見や,Class 7で比較する広告・レポートを通じたコミュニケーションの考察が,具体的な課題抽出(例えば,各企業からの有効なフィードバックの方法の策定等)に役立つことを期待したい。

4.「身近な」共通価値の創造戦略
社内で共有する価値の例

CSRでは根本的な解決に結びつかなかった労働・環境問題等も,共通価値の創造戦略では大きく進展することも予想される。

1節で紹介したコートジボワールの事例は,農作物の育成という一定の時間を要するものであったが,社員の身近な場所で意識改革を目指した米国の事例を紹介する(近藤2012b)。

米国の企業経営は株主重視が主流とされてきたが,近年変化が生じている。健康・教育プログラムや昇進の機会といった要素と,従業員の生産性向上との関連性に着目する企業が増え(Porter and Kramer 2011),社会の流れに敏感な企業の社内制度には,従業員のモチベーションを高める創意工夫がみられるようになった(表5-2)。

社員の士気を高める取り組みは,共通価値の創造戦略の第一歩と考えられる。なぜなら,企業の社会的価値を高める活動が(トップ・マネジメントによって)全社戦略の一環と位置付けられた場合であっても,現場の社員がその有効性に気付かなければ,(日々の業務を司る)事業戦略に組み込まれることは望めないからだ。

前節で取り上げた Nestle は，多様な人材を生かす経営戦略（ダイバーシティ・マネジメント）を，世界で推進している（ネスレ 2010）。

2010 年，ネスレ日本は「社員の仕事・家庭両立」支援策が評価され，神戸市より表彰を受けた。「男女両方の人材を活かす職場づくり」を経営課題と位置づけ，役員・管理職の意識改革，人事制度の改善等が行われた。

身近な共通価値（社内で共有する価値）の創造は，これまで観察されてきた「全社戦略と事業戦略の間に存在する乖離」を埋める役割を担う。

Google（表 5-2）では，Creativity & Innovation という自社ビジネスに不可欠な要素を常に意識できる楽しい職場を提供していることで知られ，従来の企業イメージを覆すオフィスづくりに積極的である（Class 2 参照）。クリエイティブな職場環境の取り組みは，「ユニークで優秀な人材を重視する」Corporate Culture を従業員全体に認識させることに成功している。

Kuntze and Matulich（2010）によれば，市場価値の高い人材にとって魅力ある職場にするため，ヘルスケア／チャイルドケアサービス，スポーツジムなどの外部施設を活用した福利厚生（benefits）も提供されている。

「ポストイット」等の商品で知られる 3M（表 5-2）のように，社内起業家と

表 5-2 米国における身近な共通価値（社内で共有する価値）の例

企業	身近な共通価値 （社内で共有する価値）	身近な共通価値の実例
Johnson & Johnson	健康の増進	社員の禁煙支援などの健康増進プログラムを実施。欠勤が減り，生産性が向上した。
3M	起業家精神・協働的好奇心	社員は，独自プロジェクトに取り組むことも可能（Corporate Entrepreneurship or "Intrapreneurship"）
Google	人材の多様性・楽しい職場	ユニークで優秀な人材確保のためのさまざまな取り組み（採用の工夫，社員による職場の設計など）
S. C. ジョンソン	家族の価値	この企業で夫婦が勤務している場合は，2 人一緒に海外赴任する。

出典：Kotler et al.（2010），Kuntze and Matulich（2010），Porter and Kramer（2011）を基に筆者作成（近藤 2012b）

しての精神（Corporate Entrepreneurship ="Intrapreneurship"）を評価する企業文化もCSVの源泉となりうる（アントレプレナーシップの詳細については，Class 11, 12, 13を参照）。

　先進的企業は，「社会との共通価値」を発掘するために，まず社内におけるワークスタイルの多様化と意識改革を実行している。

　自らの仕事に社会的価値を見出すことで，（各事業の戦略と連動する）企業MissionやVisionに対して，より強い関心を示す。

　その結果，「企業の強み・オリジナリティ」を発揮できる社会的ニーズの探求が進み，市場における「共通価値」領域の深化が実現する。

　これまで，諸外国における事業，そして社内での取り組みを概観してきたが，Class 6では，国内の労働・環境問題に風穴を開けるかもしれない日本版CSVの可能性について考えてみたい。

*　*　*

Class 6
日本版 CSV の可能性

Q6. 今後の日本における CSV の役割とは？

1. 日本版 CSV の規定要因

　CSV は幅広い層をターゲットとしているため，日本版 CSV という名称を付けること自体，ナンセンスと受け止められかねないが，CSV は途上国での支援にとどまるものではない。日本の社会問題を再考するきっかけにもなりえる。

　例えば，リーダーの役割を担うとき，より良い職場環境や社会をつくっていくためのアイデアが（国内の身近な CSV の可能性について考えていくなか

表 6-1　CSR から CSV への変遷

マーケティングの発展		企業の社会的責任（CSR）から「共通価値の創造（CSV）」への変遷	
Marketing 1.0	製品中心	CSR 1.0	慈善活動
↓		↓	
Marketing 2.0	消費者志向	CSR 2.0	企業イメージの向上
↓		↓	
Marketing 3.0	価値（創造）主導	CSR 3.0（戦略的 CSR）	事業活動を通じた社会的責任活動（ステークホルダーとの協働）
		↓	
		「CSV：共通価値の創造」(Creating Shared Value)	戦略的 CSR の強化とプロセスの具体化　社会的価値は事業の核（社会と事業の強いつながり／双方にとって高水準の成果）
		↓	
		日本版 CSV	日本の環境・労働問題等を踏まえた CSV の望ましい方向性（日本版 CSV の規定要因）

出典：宮崎（2011），Porter and Kramer（2011）を基に筆者作成（近藤 2012b）

で),広がっていくのではないかと思う。

表6-1に,これまでの内容をまとめた。

内閣府(2008)は,CSRの規定要因を内部・外部促進要因と障害・成功要因に分類しており,次節では日本版CSVの規定要因(内部促進要因・成功要因)に着目し要点をまとめる。

「共通価値の創造(CSV)」経営がもたらす社会的な貢献は,これまで個別に扱われてきたテーマ(日本の採用慣行,女性労働政策,民生部門における環境政策等)に対して,横断的な解決策を模索するヒントを与える点だろう。

2. ブルー・オーシャン戦略とVRIOフレームワーク

日本版CSVの規定要因を考察するため,ライバルがいない市場を創造する「ブルー・オーシャン戦略の4つのアクション」と,経営資源を分析する「VRIOフレームワーク」を援用した。

表6-2は「ブルー・オーシャン(競争相手がいない青い海)」と「レッド・オーシャン(競争が熾烈な既存市場)」の差を表し,表6-3はブルー・オーシャンを創出するための「4つのアクション」を示す。ブルー・オーシャン開拓の成功例としては,急成長を遂げたカナダのサーカス団シルク・ドゥ・ソレイユ(以下シルク)などが挙げられる。従来のサーカスが子ども向けであったのに対し,シルクは大人も楽しめるエンターテイメントを目指したのだ。

表6-2 「ブルー・オーシャン戦略」の特徴

「ブルー・オーシャン戦略」	「レッド・オーシャン戦略」
・競争のない市場空間を切り開く	・既存の市場空間で競争する
・競争を無意味なものにする	・競合他社を打ち負かす
・新しい需要を掘り起こす	・既存の需要を引き寄せる
・価値を高めながらコストを押し下げる	・価値とコストの間にトレードオフの関係が生まれる
・差別化と低コストをともに追求し,その目的のためにすべての企業活動を推進する	・差別化,低コスト,どちらかの戦略を選び,企業活動すべてをそれに合わせる

出典:Kim and Mauborgne(2005)を基に筆者作成

表6-3 4つのアクション（The Four Actions Framework）

【取り除く】	「業界常識として製品やサービスに備わっている要素のうち，取り除くべきものは何か」
【減らす】	「業界標準と比べて，思いきり減らすべき要素は何か」
【増やす】	「業界標準と比べて，大胆に増やすべき要素は何か」
【付け加える】	「業界でこれまで提供されていない，今後付け加えるべき要素は何か」

出典：Kim and Mauborgne（2005）を基に筆者作成

　例えば，4つのアクション（表6-3）の中の「取り除いた」要素に該当するのは，シルクが動物を使用しないことであり，「付け加えた」要素は，芸術性の高い音楽・ダンスとストーリー性だろう（Kim and Mauborgne 2005）。
　また，任天堂Wiiも激化する高スペック競争から「使いやすさ」にフォーカスを移し，当時の非顧客層（ゲームに慣れていなかったブルー・オーシャンの層）を開拓したと言われている。
　日本版CSVを確立させる最初のステップでは，「取り除く」と「付け加える」要素が成功の鍵を握るようだ。
　その理由は，企業は従来のレッド・オーシャンでの経験を基に，同業他社に引き離されぬよう，社会的活動にも「広く浅く」取り組む傾向が見られるためである（Class 4の環境ブランド調査とCSR評価ランキングでは，各社が「何に重きを置いているか」について消費者意識の高まりがみられ，伝わりやすい表現・顧客分類などを意識した対応が，今後より一層求められていくだろう）。
　Kim and Mauborgne（2005）が述べたように，（競争が激しい市場である）レッド・オーシャンが，今後も完全に消滅することはないと思われる。しかし，CSVを考える際には，自社の強みと地域社会のニーズが重なる領域について認識を深め，ライバルと戦うことなく優位性を獲得する「ブルー・オーシャン」を目指すという発想転換も必要ではないだろうか。
　各社のCSV方針が地域社会に浸透すれば，表6-3の「減らす」と「増やす」要素にも着目することで，共益の創造がさらに進む。
　日本版CSVの初期段階で重要と考えられる「取り除く」と「付け加える」要素の概要を下記にまとめた。

2-1.「取り除く」に関しては,大きく2つの内容が考えられる

　1つ目は,前述した「広く浅く取り組み過ぎ,事業活動と結びついていないもの」を取り除く。つまり,ブランドイメージ向上のために,(地域)社会での優先度が高くないニーズに対応しているケースを指す。CSRマーケティングが,CSVの補完的な役割を担うことも一案だろう。

　例えば,地の利を生かした期間限定のCSRマーケティング(CRM:Class 3)と,全国店舗で一貫したCSVが共進化していくような組合せを試行する等。

　2つ目は,共通価値を創造するために「CSVの全社戦略と,事業戦略の垣根を取り除く」ことである。CEOを含むトップ・マネジメントが,重要性を認識している場合であっても,現場の社員に浸透していないCSV initiativesは力強いものにはならない。

　例えば,「選択と集中」のような明確なコンセプトが掲げられた場合も,その成果が十分に体系化されず,差別化につながらない状態であれば,インパクトは薄れてしまう。言い換えれば,全体の方針と矛盾する,行き過ぎた現場主義になっていないかという点だ(Class 4 サントリーの例では,「誰にどのように伝えるか」ということに力点が置かれた結果,高評価を得た)。

2-2. CSVに「付け加える」視点は社外だけでなく,社内にも存在する

　雇用の創出は大きな社会的価値(Barney 2011)である。

　いまだ一括採用が主流の日本の採用慣行や,多様性に乏しい雇用形態を工夫し独自性を発揮することで,人々のキャリア形成に対する意識に変化が現れるのではないだろうか。

　潜在的な労働力の活用を,経営課題として付け加えることで,産業・地域社会の活性化を促し,労働市場の流動化が進むことも期待される(Class 2 日本の労働市場における現状と課題)。

　Resource-Based View(RBV)は,競争戦略論[1]のみで説明できない「企業

---

1) ポーターの競争戦略論では,次の3つの戦略が核となる。
　　(1) 差別化戦略(異なる製品デザイン・機能・サービス等で付加価値を提供し,差別化を図る)
　　(2) 集中戦略(特定の顧客層・地域・サービスなどにターゲットを絞り,資源を集中させる)
　　(3) コスト・リーダーシップ戦略(他社よりも低価格を実現)
　　である(Barney 2011)。

の強さ」について明確化を試みる理論で，（競争優位の源泉として）社内の経営資源に着目する点が特徴とされる。つまり，企業内の経営資源が，希少で模倣困難なこと（capability または core competency）が重要であると言う。以下の4要素をそれらの頭文字から，（持続的な競争優位をもたらす）「VRIO フレームワーク」と呼ぶ（Barney 2011）。

【Value】　経済的な価値
【Rarity】　希少性
【Inimitability】　模倣困難性（模倣コストは大きいか？）
【Organization】　組織体制（組織体制は適切か？）

例えば，企業が採用方法を工夫することで，希少価値の高い（結果的に経済的価値をもたらす）人材を獲得し，他社が模倣困難なキャリア形成のシステムと，それを組織としてサポートする魅力的な職場環境を提供できれば，社員は自身の強み・気付いていなかった才能を開花させることができるかもしれない。
　人材育成と多様な雇用形態による，新しいライフスタイルの創出は，今後の日本における CSV の1テーマだろう。

3. インターンシップが CSV となるには？
未来の人材育てる場に

　私は，これまで複数の大学での授業を通じて，多くの学生と接する機会に恵まれた。
　世間での認識に反し，最近の大学生や大学院生の多くは授業・論文執筆・課外活動・アルバイトと忙しく，社会人並の長時間労働をしているのではないかと思われる学生もいる。
　彼らは，必ずしも自由を謳歌している訳ではない。むしろ，忙しさの中で周囲からの限られた情報を手がかりに，早い時期から就職活動の動向を捉えようと懸命の模索が続く。その中でも，企業・官公庁インターンシップに参加することが，自然の流れになりつつある。
　インターンシップへの関心の高まりは，好ましい傾向なのかもしれない。し

かし，インターンシップの本来の意味を理解する前に，参加する学生が急増しているのではないかという懸念を抱いてしまう。

望ましいインターンシップの形は，学生生活を送りながら経済的・時間的にも負担にならない範囲で経験を積むことができる実学だ。

一部の例外を除き，就職に直結するものではないが，就活への影響を意識するためか，企業本社や中央省庁で開催されるインターンシップの交通費・滞在費等の工面に苦慮する学生まで現れる本末転倒な現状に，驚くことも少なくない。

私も留学中インターンシップに参加したことがある。米国の大学では，インターンシップは授業の一環として（受入先の企業と学校側の条件が合えば）一定の単位まで認定されることが多い。

諸外国におけるインターンシップ（国によっては work experience と呼ばれる）が，本来の意義である「学生の中・長期的な学びの場」となる背景には，労働市場の流動性が関係している。

つまり，企業がインターン生を受け入れることで現場についての理解を深めさせ，業界もしくは社会全体で「未来の労働者を育てる」という目的意識が，その根底にある。

一方，労働市場の流動性が低い日本では，インターンシップの本来の意味が薄れているのではないだろうか。例えば，短期インターンシップの最終課題として，事業戦略立案などのテーマに学生が取り組み，社員・経営陣にプレゼンテーションを行うプログラムが目立つ。

第三者の目には，短期インターンシップの多くは市場調査との違いが明確ではないように映る。「未来の人材育成の場」であるはずのインターンシップが，「今どきの消費者観察の場」と化していないだろうか。

学生はグループワークを通じて仲間のさまざまな視点に触れ，短期的な満足度は高まったとしても，彼らが将来役立つ実績を積むという視点が，人材流動性が低い日本では軽視されているように思う。

現場での成果物を生み出すプロセスに携わり学ぶことが，インターンシップの本質であり，ワークショップ型研修等との違いだ。

企業が人材流動化に向けた採用の工夫と並行して，インターンシップの本質

を再考することで，若者が得た学びを中・長期的に社会に還元できる機会が広がることを期待したい（近藤 2012a）。

4. これからの大学院生の働き方
専門性と学際性の両立

「グリーン・エコノミーの促進のために，ビジネスリーダーは今後，何をしなければならないか？」，このテーマはリオ + 20 の課題でもあった。UNEP (2011) は，多くのビジネスリーダーに対し，サステナブル事業へのさらなる投資を呼びかけている。

サステナブル事業の推進に加え，多くの企業が環境経営の一環として「学際的グリーン・ジョブの創出とその拡大」に着手することも，（地域経済繁栄・環境改善の両立を掲げる）グリーン・エコノミーの促進要素ではないだろうか。また，このような雇用変化を「グリーン・エコノミーへの移行度の指標」として活用することも有効と思われる。

現在，日本では企業や自治体からさまざまな形で，社会に向けた情報公開が行われているが，その波及効果やグリーン・エコノミーの利点に関する人々の理解向上への道筋はいまだ不透明な点が多い。

本節では，国内外の事例を踏まえ，グリーン・エコノミーの促進に資する今後の望ましい雇用（グリーン・ジョブ）のあり方に焦点を当てる（近藤 2012c）。

通常，グリーン・ジョブは，環境技術職を指すことが多い。ただし，「共益の創造」を目指す企業では，環境制度を活用した事業企画・開発や政策交渉等も（グリーン・ジョブに）含まれ，このような学際的な職種が，産業競争力の向上に貢献した例を取り上げる。

図 6-1 は，国内クレジット制度[2]の活用が，産業に変革をもたらした国内事例だ。大規模な環境プロジェクトの実施による温室効果ガス削減に比べ，軽視

---

[2] 平成 20 年より開始された「国内クレジット制度（国内排出削減量認証制度）」では，大企業と中小企業が連携し，温室効果ガスの排出抑制を目指す。まず，中小企業は大企業から技術と資金提供を受け，排出量の削減を図る。達成した削減量が認証されれば，大企業はその国内クレジットを購入することで（自主行動計画や，試行排出量取引スキームにおける）環境目標の達成が可能となる。

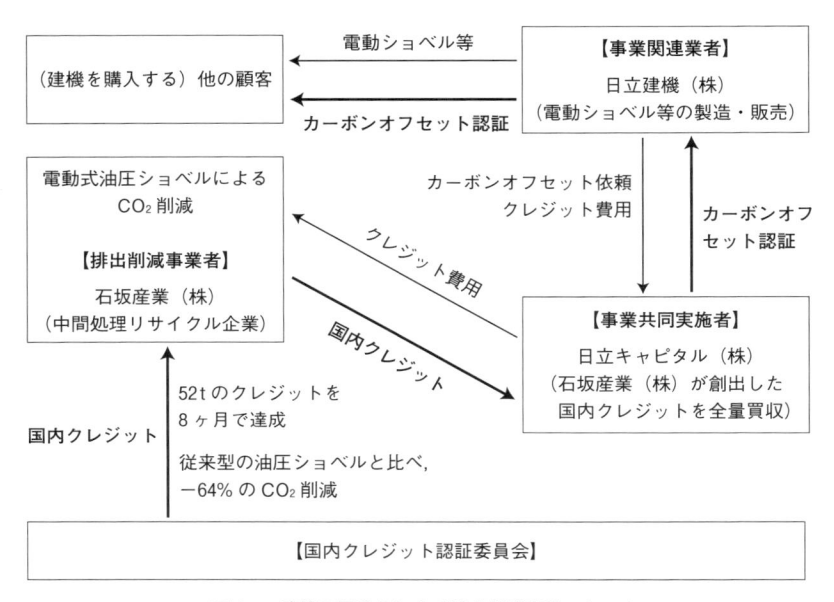

図 6-1　建機の電動化による排出削減事業スキーム
出典：日立建機（2011）を基に筆者作成（近藤 2012c）

される傾向にあった「建設機械のエコ化」の取り組みがスタートし，2011 年 10 月，「電動駆動式油圧ショベルによる日本初の国内クレジット」が認証された（図 6-1）。これは，建設機械をディーゼル・エンジン式油圧ショベルから，電動式油圧ショベルに更新する事業により達成されたクレジット創出である（日立建機 2011）。

このように既存制度の応用例が増えれば，中小企業と大企業の間に協働の輪が広がり，さらに地域産業における新技術への関心が高まることで，環境ビジネスに強い産業クラスターが形成される。

国内クレジット制度では，農林・民生部門（家庭部門等）における温室効果ガスの排出削減も対象となるため，さまざまな分野からの提案が望ましい。

セキスイハイムでは（家庭部門のニーズを踏まえ）「工場でつくる安全な家」をテーマに，テレビでの宣伝や工場見学等を実施している。

具体的には，家を'ユニット'と呼ばれる複数の立方体のパーツに分け，工場内で各ユニットの正確なつくりを徹底することで，高い耐震性を目指してい

るそうだ（セキスイハイム 2010）。また，同社は，旧ユニットを再利用する資源循環型住宅「再築システムの家（再築リノベーション）」も手掛けている（セキスイハイム 2011）。

このような環境への取り組みを社会に伝えていくためには，（「共益の創造」に結び付く，街単位で行われる）「環境ソリューション・ビジネス」の技術面に特化した政策支援のみで完結することは難しい。同時に，（環境制度を活用した事業を軌道に乗せた後も，それを継続的に進化させる）学際的グリーン・ジョブ創出のインセンティブが働く，技術と人材の両輪の政策が不可欠だろう。

5. 職種の多様性と学際的グリーン・ジョブの拡大

自社の環境技術の広報活動に熱心な日本企業は多い。このようなコミュニケーション戦略は消費者の目に留まるため，グリーン・エコノミーに関する一定の理解促進に役立つ。しかし，前節で触れたように，環境関連職種の多様化を積極的に推進しながら，地域経済への波及効果を高めている企業はいまだ限定的にとどまっている。

現在，日本では雇用・労働関連の給付金（定年引き上げ奨励金・既卒者トライアル雇用奨励金・教育訓練助成金等）が支給されているが（厚生労働省 2011），グリーン・エコノミー促進に資する社内制度，および新職種の拡大への支援を考えていくべきではないだろうか。

例えば，製造業では技術者支援と同時に，（社内外の合意形成の円滑化を図り）新技術を応用した環境プロジェクト構想を実現に導くための人材採用を促すインセンティブ設計（給付金等）が考えられる。

学際的グリーン・ジョブの創出は，職種の多様化の一環である。社風にも変革をもたらし，継続的成長を促す。例えば Kotler et al.（2010）によると（Apple 社の最初のマウス等を手がけてきたデザインコンサルティング・ファーム）IDEO は，職場でのチーム編成の際に「学際的創造性」を重視している。

職務内容の改革例として，富士ゼロックスでは企業担当営業に加え，「グローバル・サービスに特化した専門営業」と「企業の業務・環境分析を行うアセスメント担当者」を増員し（小谷 2011），その結果，契約単価の上昇・商談期間

の短縮が観察されたと言う。さらに，一連の商談プロセスを分析するために，第三者として助言・支援を担う部署も設置された。この事例では，プロセスの再設計により，チーム全体の job enlargement（職務拡大）の達成が可能であることが示された。

通常の職務拡大では，1人に多くの職務を担わせるため生産性が低下する傾向は否めない。しかし，個別の専門的知識・経験を持つ人材で学際的チームを結成させ，役割分担と全体のミッションを明確にできたため，個人の job enrichment（職務充実）の度合いも高まった。

つまり，異なる視点を確保することで，顧客側も気付いていなかった真のニーズを発掘可能にしたことが，生産性向上の大きな理由と考えられる。

今後多くの企業において，職務改革の成功事例を基に職種の多様化を図り，環境事業の立案・政策交渉を担う，学際性豊かな人材の活用に取り組む必要性が高まるだろう。

本章では，グリーン・エコノミーの促進に向けた雇用・労働政策の方向性に関する一考察として，「共益の創造」を目指す企業事例を取り上げ，「学際的グリーン・ジョブ創出と拡大」のためのインセンティブ設計が，経済成長に不可欠な要素であることを述べた。

日本の高等教育機関では，文理融合型の教育プログラムが提供されており，環境分野では，サイエンス・コミュニケーションなどの学際領域に興味を示す学生も多い。しかし，学んだ専門的スキルを発揮できる学際的グリーン・ジョブはいまだ限られており，これは社会的な損失であると思う。

グリーン・エコノミーにおいては，（経済的手法を含む）環境政策に即した企業の自主努力が一層求められる。そのため，消費者の理解を促すだけでなく，新しい政策と自社の環境事業との関連性を継続的に分析していくことが，今後の経営には不可欠だろう。

高度人材の異なる視点や能力が発揮できる（研究と政策をつなぐノンアカデミック・キャリアパス[3]としての）グリーン・ジョブ拡大に企業が着手することで，日本の社会システムに大きな変革をもたらす可能性は高い。

---

[3] ノンアカデミック・キャリアパスとは，研究経験を有する者が，産業界・行政機関・研究助成機関など，社会の多様な場面で活躍できるようなキャリア・パスを指す。

また，「職種の多様性（職務拡大と職務充実）」によって，環境政策と新技術の融合の輪が社会に広まれば，関連産業の競争力強化・事業展開が進み，国内外のグリーン・エコノミー発展にもつながることが期待される。

＊ ＊ ＊

Class 7
企業広告とレポートの事例

Q7. 日本の企業レポートで，課題とされていたことは？
複数の CSR/CSV 報告書・電子ブックから，一人の読者として
どのような工夫に気付きましたか？

1. マラリアから子どもたちを守る「ハイテクな蚊帳」
住友化学「オリセット・ネット」

　今回は CSR, CSV に関する企業広告とレポートを主なテーマに，その中のいくつかを取り上げ，それぞれの特徴を概観していく。

　日本で「環境報告書」が，「CSR レポートやサステナビリティ・レポート」へと進化を遂げたように今後，多くの企業「CSR レポート」も（Class 5 で触れたとおり）「CSV レポート」に刷新が進むだろう。

　伊藤（2007）によれば，タンザニアでは，マラリアが（5歳以下の）子どもたちの死亡原因の約 1/3 を占める。

　マラリアの罹患は，水処理の問題との関連性が高い。なぜなら，媒介蚊のハマダラ蚊は，水が滞るところで多く発生するからだ。まず，家庭からの生活排水が溜まらないように，排水溝を整備すること。そして，ゴミを放置しないように周知することが課題と言われている（足立 2007）。

　このような外部環境の改善に加えて，家庭内での取り組みが功を奏している。それが，住友化学開発の"媒介蚊から子どもたちを守る，ハイテクな蚊帳"として知られる「オリセット・ネット」の普及だ。

　"ハイテクな蚊帳"と呼ばれるのは，「オリセット・ネット」が，耐久性・通気性に優れているだけでなく，糸に練り込んだ防虫剤の効果が 5 年以上も続くことに由来する（住友化学 2011）。

　夕方から夜間がハマダラ蚊の主な活動時間帯のため，特に小さい子どもや妊婦が夜の間蚊帳の中で寝ることができれば，おそらく蚊に刺されることはないだろう。

一般家庭では，蚊帳としての使用だけでなく，ネットをカーテンのように吊るして使用されることも多いが，あえて広告（朝日新聞 2008）では（海外で活躍する）この環境技術に，日本の消費者も親近感を持つことができるデザイン（蚊帳の写真と下記のメッセージの組合せ）が採用された。
　　"日本では，「蚊帳」を知らない子どもが増えている。
　　アフリカでは，「蚊帳」で眠る子どもが増えている。"
「オリセット・ネット」の蚊帳は，現在タンザニアで（生産技術の無償供与を受けた）現地企業によって生産されている。さらに，タンザニア以外のアフリカの国々でも需要の拡大が見込まれ，（現地企業と住友化学の）合弁会社による生産活動の計画も進行中のようだ（伊藤 2007）。
　マラリア対策の一環として，この蚊帳を住民へ大量配布したことで，発生件数が激減した地域もあり，また現地での雇用を創出したという点からも，アフリカにおける住友化学「オリセット・ネット」の展開は，CSV の一例と言える。
　ただし，業種によっては（取り組み内容は似ているものの），CSR として参画するケースもあるようだ。例えば（Class 5 で紹介した）食品メーカーの明治は（自社のノウハウを生かした「アグロフォレストリー」という CSV だけでなく），Meiji（2009）によれば CSR 活動として，蚊帳や井戸の寄贈も実施している。

2. 世界の浄水場で稼働する水処理の技術

旭化成「マイクローザ」

　旭化成では広告をシリーズ化し，継続的なメッセージを社会へ発信している。環境をテーマにさまざまな技術を伝えており，精密ろ過膜「マイクローザ」は，その代表例だ。
　深井戸の水を高度浄化する「マイクローザ」は，国内災害時の飲料水供給システム「ライフスポット（旭化成 2010）」にも使用されている。
　世界各地で水の枯渇や塩害は深刻化し，発展途上国の漁業・農業従事者は大きな被害を受けた。かつて，魚がいた湖が干上がってしまった様子を撮影した広告には「問題：水の星，ふたたび（ここは湖だった。魚がいたんだ）。」（旭化

成 2013）という一文が記されている。

　この「問題」に対して，「中空糸によるかつてない排水ろ過装置，世界へ。どの国の問題でもない。これは人間の問題だ。」というコメントが添えられ，同社の環境技術（安全な飲用水の提供・工業廃水の再利用等を通じた，限りある水の有効利用を可能にする中空糸ろ過膜）が，描写されている。

　現在，この水処理技術は，米国・シンガポール・中国など世界800ヶ所以上の浄水場や排水プラントで稼働していると言う。

　このように，環境技術の貢献を実感させるコミュニケーション戦略は，（生態系の破壊や資源の浪費をせず，環境負荷を踏まえた）グリーン経済の促進にも有効に働く。特に，谷口（2012）によれば東日本大震災の後，天然水や水源の安全・安心をテーマにしたメッセージへの反響は大きい。

3.「未来の森づくりへつながる家」による「地球規模の循環」

住友林業「環境共生広告ギャラリー」

　住友林業 HP には，国内外の緑化・熱帯林の再生プロジェクトを含む複数の写真が掲載された「環境共生広告ギャラリー（住友林業 2012）」があり，各広告のメッセージから，一連の流れを紐解くことができる。

　同社は，環境ブランド調査（Class 4）の「生物多様性や動植物資源の保全に努めている」の項目で，サントリー，山田養蜂場に次ぐ3位に輝いた。また，2011年の第14回環境報告書賞の最優秀賞（東洋経済新報社 2012）にも，選ばれている。

　例えば，「環境共生広告ギャラリー」の一部タイトル：「サステナビリティって，こういうこと」や「うまい話には，土がある」は，各事業の内容を端的に伝えながら，「'森のちから'を通じて，'地球規模の循環'を目指す」という，大きなメッセージを発信するものだ。

　前者（サステナビリティって，こういうこと）は，本業である'家づくり'と'森の育成'の両立を図ることで，サステナブルな事業展開の方針を指し，広告の中央にある（木のかたちを模した）リサイクルマークは，育成した木で

つくる住宅の利益が再び森へと還元されることで、豊かな循環が生まれていく社会の姿を表しているのだろう。

この「森から、もらうだけの家ではなく、未来の森づくりへつながる家」の例として、北海道の社有林で育てられたカラマツを用いる木の家がある。従来の評価では、カラマツは住宅に不向きであったが、同社の乾燥技術と、樹齢を重ねたカラマツの強度を生かすことで、住宅にも活用できるようになったそうだ。

後者（うまい話には、土がある）は、「森のちからを、未来のちからに」を掲げ、共同研究・開発された「浄水場沈殿土のリサイクル」を指す。

「浄水場で排出される沈殿土」は、（微生物による熟成と、製材時にでる樹皮を発酵させたバーク堆肥を混ぜることで）「培養土」へと生まれ変わることができ、その培養土で栽培したトマトが広告に掲載された。

これまで、「（河川から運ばれる）浄水場の沈殿土」は、園芸用材料としての用途（保水性・保肥性）に着目されることなく、埋め立てられてきたと言う。ところが近年の用地不足により、培養土にリサイクルされたことで、全国の野菜や果物の栽培にも、役立てられはじめたそうだ。

このように、本業を生かした、水・土壌・森林への取り組みは、循環型社会の形成に大きく貢献していくことが期待される。

4. CSR・CSV レポートのなかの環境報告

日本では、1992年頃から環境報告書の発行がはじまった（有村、竹之内、岩田 2008）。報告書からは、環境配慮の方針・目標・取り組み内容とその体制・実績等を知ることができる。

下記の5つの基準を、「環境報告の一般的報告原則（環境省 2012）」と呼ぶ。

　①目的適合性（ステークホルダーが、意思決定をするために必要な情報を、適切なタイミングで提供できているか）

　②信頼性（内容が正確で、信頼できる情報提供になっているか。第三者審査の実施など）

　③理解容易性（多様な読み手への分かりやすさ。誤解を招かない配慮）

④比較容易性（経年の変化が比較できるか。例えば，業界の平均値など同業種・異業種との比較ができるような工夫の有無）
⑤検証可能性（算定方法や集計範囲などが記され，検証が可能か否か）

　5つの基準の中で，一般消費者には，②「信頼性」と③「理解容易性」が（購買活動や環境ブランドの面で）強い影響力を持つと考えられる。
　企業レポートは「環境報告書」から，「社会・環境報告書」・「サステナビリティ（持続可能性）報告書」や「CSR報告書」へと，名称変更されたものが増えた。
　ただし，環境省の「環境報告ガイドライン（2012年版）」によれば（タイトルの差異にかかわらず），環境報告が行われていれば，同ガイドラインで明記された「環境報告書」に該当する。
　通常，報告書の担当者は，環境省「環境報告ガイドライン」や「GRI（Global Reporting Initiative）ガイドライン」など，複数の基準を参照し，まとめたものを冊子・HPで公開している。
　GRIは，「国際的なサステナビリティ・レポーティングのガイドラインづくり」を行うNGOで，国連環境計画（UNEP）の公認協力機関として，2000年にGRIガイドライン第1版，2002年に第2版，2006年に第3版を発行した（サステナビリティ日本フォーラム 2012）。
　例えば，環境省とGRIのガイドラインに加えて，国連グローバル・コンパクトの10原則（富士ゼロックス 2011a）や，2010年11月に発行された「組織の社会的責任に関する国際規格ISO26000」への対応表（東京海上グループ 2012c）も企業のHPやレポート内で確認することができる。
　レポートには，外部有識者からのコメントの頁が設けられているものも増え，次年度の作成に向け，異なる視点を積極的に取り入れようとする姿勢が感じられる。そのなかで，記載があればより良い，とアドバイスされるものの1つが"失敗を踏まえた改善"だ。
　IBMは，自社の「環境・ウェルビーイングプログレス・レポート（2001）」の中で，以下の文章を掲載した。「かつてIBMは製造工程での化学溶剤の使用を減らすために水を使った洗浄工程を導入し，溶剤使用料の劇的な減少を達成し

ました。その結果，逆に水使用量の増加を引き起こしました。それ以来，IBMでは水資源の節約を一段と重視するようになりました」。

このように過去の反省を述べたあと，水資源を節減した実績として「全IBMの水消費，およびマイクロエレクトロニクス部門での使用率」が明記された。

近年，IBMは水ビジネスにも本格参入しており，GE同様，世界の水問題の解決を目指す，水マネジメント事業を展開している（Class 9）。

今後，環境・CSR報告書からCSVレポートへの移行が進むと考えられるなかで，望まれる追加的機能・特徴とはどのようなものか？ 次節の事例は，それらを考えるヒントを与えてくれるかもしれない。

5. 環境・CSR（CSV）レポート
東京海上グループのe-CSR報告書とE-book

投資家と同じくらい，企業情報の収集に熱心なステークホルダーと言えば，やはり就活生だろう。

東京海上日動火災保険は，「時期・対象に応じた多種多様なパンフレット」の豊富な情報量・企業理解への促進で，高評価を得た。この「パンフレット・入社案内ランキング」の評価点は，デザイン力で圧倒的な強さを見せた電通と，拮抗するレベルだ（手塚・高村 2012）。

東京海上グループでは，CSRの情報量も豊富であるが，そのバランスが熟慮されている。まず，情報を積極的に求める層に対応するため，(約200頁にも及ぶWebサイトの掲載情報を集約した)『Sustainability Report 2012（東京海上グループ 2012a）』や『e-CSR報告（東京海上グループ 2011a）』の充実を図るとともに，一般消費者にも身近に感じてもらえるような約20頁のCSRブックレット（E-book）「あしたの力に，変わるものを。」の提供を開始した（東京海上グループ 2011b, 2012b）。

その内容は，1.「本業を通じた価値提供」，2.「地域社会との協働」，3.「気候変動への対応」への3部構成になっている（EMF 2012，東京海上グループ 2011b）。

1.「本業を通じた価値提供」の一環として2009年よりスタートした「Green

Gift」プロジェクトでは，1契約につき2本のマングローブが植えられていく。これは，Class3で取り上げたCRM（CSR marketing）であるが，継続して行われている点はVisa CardのCRMと異なる。

　このマングローブ植林活動の原点は，同社で既に1999年から取り組まれていたCSR活動であった。その後，顧客の意識と購買行動を結び付けるカタチへと進化し，「マングローブによるCO_2吸収」で成果を挙げ続けている（現在，マングローブの植林活動は，同社の国内事業におけるカーボンニュートラルの実現に，大きく貢献しているそうだ）。

　2.「地域社会との協働」では，CSR month（10～11月）を各国で設けることで，（環境教育・ピンクリボン運動など）新しい社会づくりのために，社員参加を呼び掛けたと言う。このように，多くの社員に対する理解・参加の促進・取り組み内容の適度な多様性が特徴的と言えるだろう。

　CSRに適度な多様性があれば，CSVに進化するアイデアが出てくることも考えられる。その成果は幅広い層に波及し，コミュニティでの企業の存在価値が増す。

　3.「気候変動への対応」については，天候保険の普及により「干ばつという気候変動リスク」を保険で担保し，インド農村部のくらしをサポートしていると言う。これは環境の適応策として，大きな可能性を秘めたCSVと言える（その波及効果として農業・資源関連のビジネスが栄えれば，地域経済の発展にもつながるためだ）。

　東京海上グループHPでは，e-CSR報告書とE-bookに加えて，「3分でわかるCSR」という動画も提供されており，視聴後は，「グループ概要」「経営戦略」をまとめた動画の案内ページにも移動する仕組みとなっている（東京海上グループ2011c）。

　このようなHP上の工夫は，人と情報のマッチングに役立つ。サイト訪問者は多面的に情報に接することで，次第にそれらの詳細にも関心が及ぶ。

　富士ゼロックスグループは，「冊子とウェブのバランスの良さ」という補完性が評価されており，サステナビリティ報告書賞（富士ゼロックス2012）では，2011年に特別賞，2010年と2012年で最優秀賞を受賞した。

さらに,「CSRと経営の統合度」も注目されたポイントである。例えば,サステナビリティ・レポートの「取り組み編」(富士ゼロックス 2011b) では,それぞれのステークホルダー（顧客,従業員,地球環境と将来世代,地域社会,取引先,株主や投資家）に対する取り組みと,その成果が紹介されている。

ファミリーマート (2012) の『こども環境報告書』では,店舗の取り組み紹介を通じて,さまざまな環境技術や地球環境の主要なテーマに触れられており,また,普段何気なく手に取っている環境配慮型の商品やパッケージ,識別に役立つマークの種類など,読者が環境問題を学ぶうえで,ミクロとマクロ的視点のバランスが良い。そのため,大人にとっても有益な情報提供となっている点は,とても興味深い。

各種レポートを観察していると,従来のCSRがキャンペーンとして有効なコミュニケーション・ツールとなっているケースも見受けられ,すべてのCSRにCSVへの変貌を期待するというよりは,花と昆虫の共進化のように,互いに影響を及ぼしながら強化され,社会全体に企業からの力強いメッセージが,浸透していくこともあるようだ。

現状では,CSV着手後も,これまでの取り組みの続きに過ぎないのでは…と過小評価されてしまうかもしれない。（過渡期にある）報告書の名称の違いに惑わされることなく,何が（社会で共有できる）CSVに発展可能かを観察し,リテラシーを高め続けようとする企業・読者双方の心掛けが,情報・認識ギャップを縮小していく,ひとつのきっかけとなるのではないだろうか。

6. CSR・CSV レポートと雇用循環

CSR・CSV レポートは,株主・消費者・取引先等に対する情報開示という機能に加えて,最近では学生の活用も徐々に進んでいるようだ。

おそらく（キャッチーな資料のみでは把握することが難しい）,実際の仕事内容や今後のキャリア・パスの広がりなどを,中・長期的な経営方針とともに読み解くためだろう。

最近は,どのような制度があるのかという内容だけでなく,実際に,利用者はどれくらいいるのかという数値もあわせて紹介しているケースが多くみられ

るようになってきた。

　例えば，NTT ドコモの HP では，各種制度の利用者数や，(配偶者の転勤等に伴って退職した社員に対する) 再採用の制度紹介もみられる (NTT ドコモ 2012)。

　また，富士ゼロックスの「サステナビリティ・レポート (2011 a)」では，女性管理職の割合や，(従業員1人当たりの) 年間総労働時間について，富士ゼロックス単独の結果に加え，国内外の関連会社におけるデータを踏まえた変化 (実績)・目標・課題にも言及している。

　「(経済成長率がゼロ，働く女性と高齢者の割合が 2010 年と同じ場合)，2030 年の就業者数は，2010 年の 6,298 万人から，最大で 845 万人減少する可能性がある」という厚生労働省 (雇用政策) の有識者研究会からの推計が発表された (読売新聞 2012)。

　このように，経済成長を阻むと言われる就業者数の減少に対して，若者・育児中の女性・高齢者などへの就労支援策が，大きな検討課題として叫ばれている。

　東日本大震災の後，リスクマネジメントの一層の強化・充実を図る組織は増えたと考えられるが，公共政策立案への参加という点では (「公共政策」というキーワードは GRI ガイドラインにも含まれているが，政府が主導するものと思われており)，多くの企業にとって未開拓の領域かもしれない。Class 5 で取り上げたヤラのように，現地政府との連携事業による直接的な貢献に加えて，国内外における公共政策への間接的な貢献の可能性を模索することも将来の CSV レポートでは望まれる点だと考えられる。

　もし，雇用基準への対応でとどまってしまえば，労働市場の活性化という共通価値を生むどころか，ペナルティを払って義務を回避するという方向にすら進みかねない。「新しい社会システムを作っていく」という媒介者としての役割を，多くの組織が認識できる機会がなければ，日本における雇用循環の促進は難しいだろう。

　現代社会に一石を投じる企業行動に，たくさんの若者たち，そしてステークホルダーが注目している。

Class 8
企業分析のフレームワーク

Q8. SWOT 分析のメリットとデメリットは？
　　SFAS マトリックスの特徴とは？

1. SWOT 分析と TOWS マトリックス

　分析方法には，それぞれメリットとデメリット（pros and cons）がある。実態をより鮮明に映し出すような結果を導くために，1つの分析手法をもとに新たなフレームワークが次々と編み出されていく。結果の妥当性・整合性を確認する目的で，複数のフレームワークを活用し比較分析が行われることも多い。

　まず，本節では，シンプルな手法として知られる SWOT 分析（表 8-1）と，それを変形させた TOWS マトリックスを取り上げ，次節では，SWOT 分析の弱点を補う SFAS マトリックスを紹介する。

　SWOT とは，組織の Strengths（強み）・Weaknesses（弱み）・Opportunities（機会）・Threats（脅威），それぞれの頭文字をとったもので，現状と課題を把握する際に役立つ。これらの項目を一覧で見ることにより，「'強み（S）' をさらに強くするために，投資を行うべきか？」それとも「'弱み（W）' の部分に（最低限の競争力を持たせるため）投資すべきか？」といった今後の方針につい

表 8-1　SWOT 分析の要素例

【内部環境要因】	【外部環境要因】
Strengths ＜強み＞ ・最先端の R&D（技術・開発）施設など	**O**pportunities ＜機会＞ ・新製品の新規市場の開拓など
Weaknesses ＜弱み＞ ・厳しい予算制約など	**T**hreats ＜脅威＞ ・行政による規制など

出典：筆者作成

表 8-2　GS Yuasa の主な SWOT

Strengths ＜強み＞ ・無機的な成長（M&A 等） ・（同業他社と比べ）高い収益率	**O**pportunities ＜機会＞ ・バッテリー業界 / アジア自動車産業の成長 ・ハイブリッド車への需要の高まり
Weaknesses ＜弱み＞ ・日本市場への高依存度	**T**hreats ＜脅威＞ ・激化する競争；為替の変動 ・京都議定書

出典：Datamonitor（2010）を基に筆者作成

て，一定の示唆を得ることができると言う（Wheelen and Hunger 2010）。

　Datamonitor グループなどが発行する企業レポートの中には，SWOT のフレームワークを用いて，分析内容が紹介されている場合がある。その一例として，バッテリーメーカーである GS Yuasa に関する記述のうち，主要な点を表 8-2 にまとめた。

　「脅威」の項目には，顧客の嗜好の変化や行政による規制などが挙げられる（表 8-1，表 8-2）。例として，米国の政府機関である FDA（Food and Drug Administration：食品医薬品局）の規制は，世界的な影響力があるため国内の食料品・医薬品・化粧品・玩具メーカーなども，その動向を理解することが求められる。

　一方，「ポーター仮説」（三橋 2008）では，環境規制は企業を強くするという見解が示された。その背景にある考え方は，もし適切に環境規制を設計することができれば，企業内の効率化・環境技術のイノベーションが促され，国際競争力が高まると言うものだ。

　ただし，先進的な環境対策に未着手の企業にとっては，従来の認識どおり，環境規制は負荷が大きく'短期的には脅威'であることに変わりはない。このような，'義務的 CSR・守りの CSR（Class 1）'の広がりは当時，多くの企業にとって'Threats'以外の何物でもなかったが，後にそれを'攻めの CSR（Class 1）'として'Opportunities'に変えていこうとする動きが，主流となった（海野，細田 2011）。

　近年，CSV コンセプトが提唱され，新しい流れを経営に取り込もうという認

識は高まっている。これまでの CSR 活動の中から，実績を重ねたものを選択し，CSV に移行させていく方法について模索中の担当者も多いかもしれない。

この CSR から CSV への移行プロセスは，「強み（S）と機会（O）」の両方を兼ね備える事業の抽出と捉えることも可能だ。

「強み（内部環境要因）」は，技術者層の厚み・強い営業チームといった人材の特徴によるところが大きく，CSV 展開がどのようなキャリア・パス多様化をもたらすのかという視点も忘れてはならないだろう。

（SWOT 分析のような現状把握に基づく）「戦略オプション（戦略代替案）」抽出は CSV 設計のカギを握るが，その際 SWOT 分析のデメリットと指摘されている主な点（Wheelen and Hunger 2010）についても，把握しておくことが望ましい。

指摘 1. SWOT として挙げられる内容があいまいな表現となり，具体性に欠ける。また，同じ内容でも，SWOT 内の 2 ヶ所に該当することがあるため，分類に困ることがある。

指摘 2. SWOT の各リストが長くなる傾向。しかし，それらの優先順位を反映させたウエイト付けはされていない。

指摘 3. 実践する戦略と，論理的なつながりが見えづらい。

最後の指摘 3 に対する 1 つの改善策として，TOWS マトリックスを用いた戦略立案がある（TOWS は，クロス SWOT 分析とも呼ばれている）。

この TOWS マトリックスの利点は，最も強い点（表 8-3 の SO 戦略）と，最

表8-3 TOWS マトリックス（クロス SWOT）

		Internal Factors（IFAS）内部要因	
		Strengths 強み（S）	Weaknesses 弱み（W）
External Factors（EFAS）外部要因	Opportunities 機会（O）	SO 戦略	WO 戦略
	Threats 脅威（T）	ST 戦略	WT 戦略

出典：Wheelen and Hunger (2010) を基に筆者作成

も弱い点（表 8-3 の WT 戦略）が，明らかになることだ．

4 種類の戦略オプション（表 8-3）と，それぞれのキーワード（Boone and Kurtz 2006）を下記にまとめた．

SO 戦略：強みを発揮し，ビジネスチャンスを獲得　（leverage レバレッジ）
ST 戦略：強みを活用することで，脅威を回避
　　　　　（もしくは，その影響を最小限にする）　（vulnerability 脆弱性）
WO 戦略：弱みを克服することで，ビジネスチャンスを獲得する
　　　　　　　　　　　　　　　　　　　　　　　　　（constraints 制約）
WT 戦略：弱みを克服することで，脅威を回避
　　　　　（もしくは，その影響を最小限にする）　　（problems 課題）

TOWS マトリックスは，SWOT 分析による現状把握の次のステップとして，セットで活用されることも多い．次節で扱う手法も SWOT の拡張であるが，前述した指摘 1 と 2 にも対応している点が特徴と言える．

2. SFAS マトリックス

EFAS Table と IFAS Table の組合せ

SFAS（Strategic Factors Analysis Summary）マトリックスは，SWOT として列挙された各内容の優先順位に応じて，ウエイト付けを行う分析フレームワークだ（Wheelen and Hunger 2010）．

この SFAS マトリックス（表 8-6）は，IFAS（Internal Factors 内部環境要因）Table（表 8-4）と，EFAS（External Factors 外部環境要因）Table（表 8-5）をもとに作成される．

まず，IFAS Table（表 8-4）では，ウエイト値（Column E）の合計を求める過程で，SWOT 分析で列挙された内部環境要因（Strengths & Weaknesses）を，より明確にしていく（Column D）．

各項目が，将来の企業競争力にどれくらいの影響力を与えるかを考えながら行う「ウエイト付け（Column B）」の段階で，「VRIO フレームワーク（Class 6）」を活用するのも一案だろう．

「格付け（Column C）」は，当該企業における対応状況の評価であるが，もし「ウエイト値（Column E）」の合計が，（マーケット占有率や収益性など）現状を反映した値でなければ，ウエイト付け・格付けの根拠（Column D）を見直さなければならない。

このように，IFAS Table（表8-4）は，企業が内部環境要因にどの程度対応

表8-4 IFAS（内部環境要因）Table

A 内部要因	B ウエイト付け	C 格付け	D B&C の理由	E ウエイト値
S（強み） ・1 ・2 ・3 W（弱み） ・1 ・2 ・3	各項目に ウエイトを 付ける 0.00～1.00 の間 （1が最重要）で， 合計=1.00 に設定	1.0～5.0で 各項目を評価 （5.0 優良； 3.0 平均）	項目 (Column A)の 明確化に つながる	B*C の値 (Column E の合計 が，現状を反映し ているか確認する)
合計	1.00	---	---	業界内の平均値は， 3.00

出典：Wheelen and Hunger（2010）を基に筆者作成

表8-5 EFAS（外部環境要因）Table

A 外部要因	B ウエイト付け	C 格付け	D B&C の理由	E ウエイト値
O（機会） ・1 ・2 ・3 T（脅威） ・1 ・2 ・3	各項目に ウエイトを 付ける 0.00～1.00 の間 （1が最重要）で， 合計=1.00 に設定	1.0～5.0で 各項目を評価 （5.0 優良； 3.0 平均）	項目 (Column A)の 明確化に つながる	B*C の値 (Column E の合計 が，現状を反映し ているか確認する)
合計	1.00	---	---	業界内の平均値は， 3.00

出典：Wheelen and Hunger（2010）を基に筆者作成

できているかを知る手がかりを与えてくれる。

同じように，EFAS Table（表 8-5）は，企業の外部環境要因（Opportunities & Threats）への対応度合いを表す。

IFAS（表 8-4）と EFAS（表 8-5）Tables 完成後は，それぞれの内容から重要な項目を選択し，SFAS マトリックス（表 8-6）の Column A に書き写す。

各ウエイト（Column B）と格付け（Column C）を再評価し，ウエイト値（Column E）を算出する。評価の根拠（Column D）についても，必要に応じて加筆・修正を行う。

SFAS マトリックスでは，2 つの表を統合する際，O と T もしくは，S と W といった両側面を持つものにも対応できるため（表 8-6），SWOT（表 8-1）単独よりも一覧表が短縮される。

表 8-6　SFAS マトリックス

A 外部要因	B ウエイト付け	C 格付け	D B, C, F の理由	E ウエイト値	F-1 期間 短期	F-2 中期	F-3 長期
S（強み）							
・1	各項目にウエイトを付ける 0.00～1.00 の間 1 が最重要 合計 1.00 に設定	1.0～5.0 で各項目を評価 (5.0 優良；3.0 平均)	項目（Column A）の明確化 及び 期間（Column F）の特定化	B*C の値 (Column E の合計が，現状を反映しているか確認する)	●		
・3						●	●
W（弱み）							
・2					●		
O（機会）							
・1							●
・2 (O&T → O のように，再編される項目も有)					●	●	
T（脅威）							
・3						●	
合計	1.00	---	---	業界内の平均値は，3.00	--	--	--

出典：Wheelen and Hunger（2010）を基に筆者作成

さらに，取り組み期間（1：短期（1年以内），2：中期（1〜3年），3：長期（3年以上））別の分類（Column F）が加わることで，全体像が明らかになり，戦略立案に有効な資料となる（Wheelen and Hunger 2010）。

3. 非顧客だった「視力の良い人に，メガネを売る」
ジェイアイエヌのJINS PC

分析フレームワークについて説明をはじめると，枚挙にいとまがない。

例えば，ブルー・オーシャン戦略だけをとっても，複数のツールから成り立っている。そのうち，「4つのアクション」については，すでにClass 6で取り上げたが，その前段階「戦略キャンバス」や「6つのパス」も，新しい着想を生み出すヒントを与えてくれる（Kim & Mauborgne 2005）。

「戦略キャンバス」では，業界内の傾向を把握するために，折れ線グラフ（横軸：価格やアフターサービスなど，複数の競争要因；縦軸：それぞれの競争要因を重視する度合い）を作成する。この折れ線グラフのことを'価値曲線'と呼ぶ。

この価値曲線のカタチが同業他社間で似ている場合，その業界は（競争が熾烈な）レッド・オーシャンであり，当該市場でのブルー・オーシャン戦略が有効となる可能性が高い。

以下「6つのパス」は，「4つのアクション（Class 6）」の基礎となるアイデア発想に役立つ。

1. 代替産業の動向（顧客の反応）
2. 業界内で，異なる商品群を有する他社の魅力（例：大衆 vs. 高級）
3. 他社とは異なる顧客層を開拓できるか（紳士服を着用する本人の選好に加えて，購入に影響を与える妻や娘のブランド名の選好パターンに着目した例もある（吉田 2012））
4. 自社製品・サービスを何で補完できるか
5. 業界が，'機能'と'感性'のどちらに重きを置いてきたかを理解し，その逆を実践できるか否か
6. 将来，自社が影響を受けそうなトレンド・顧客に提供できる価値の創出

本節では,「6つのパス」の中から,3番目の'非顧客'に注目したい。

前節のSFASマトリックスを含む,多くの分析フレームワークに共通する目標は,同業他社との差別化を図るために必要なアクションは何か？を知り,国内外の顧客層を拡大させていくことだろう。

Class 7でテーマとして扱った環境・CSR/CSVのレポートでは,幅広いステークホルダーの存在を認識するだけでなく,彼らの特徴によって分類し,それぞれに対応するメッセージを発信していた。このように1つ1つ分類されたものを,セグメントと呼ぶ。

的確なメッセージの伝達には,セグメントは不可欠な要素とも言える。

しかし,商品開発の場面では,あえてセグメントにこだわらずに,（複数のセグメントを超越する）非顧客層の共通ニーズを探るなかで,新しい市場を開拓できるケースもある。

その一例が,これまで非顧客だった「目の良い大人と子どもたちに,メガネを売る」企業,ジェイアイエヌだ。

この10年間でメガネの市場規模は約3割縮小したと言われているが,同社が展開するメガネ専門店（JINS）では,パソコン用メガネ（JINS PC）を20万本以上売り上げた（田中 2012）。TVやPCなどのディスプレイから出る,ブルーライト（青色光）を約50％カットできると言う（日経MJ 2012）。

この「度なしのパソコン用メガネ」の発売を知ったとき,学生の頃,書店で見かけた『エスキモーに,氷を売る（Spoelstra,中道 2000）』というタイトルを思い出した。「目が良い」というのは「視力が良い」ことを意味するが,必ずしも「目が強い人」を指すわけではない。

ジェイアイエヌは,目の健康に気を付けていた層,しかし（今は視力が良いからという理由だけで）非顧客だった層にもフォーカスすることで,すべての人々に提供できるメガネづくりを目指した（従来のパソコン用メガネは,レンズが分厚く,いかにも研究用という外観であったため,日常的に掛けたいと思えるデザインではなかったと聞いたことがある。「6つのパス」のうち,5番目の機能性が重視されていたのだろう）。

目の疲労を感じて,継続的に目に良いとされるサプリメントを飲んでいる社

会人は，多いのではないだろうか。私もそのうちの一人で，長い間メガネとは無縁だったが，パソコンで作業をしているうちに，目の疲れがだんだん取れなくなってきていた。

最近は小さい頃から，ゲーム機・TV・スマホ・コンピュータなどのディスプレイを見る機会は多いため，子ども用のPCメガネ「(対象年齢4歳〜10歳の) JINS PC フォーキッズ」も販売されている。それらを無理なくかけられるよう，日経MJ (2012) によると鼻パッドに工夫が施されているそうだ。

また，プログラマーやエンジニアなどの専門職向けに，全方向からのブルーライトを遮るワイドレンズを使用した「JINS PC for HACKERS (JINS 2012a)」が，インターネットで数量限定の商品として販売された。

花粉症用メガネの存在はよく知られているが，パソコン用メガネも予防医療の一環として，JINS (2012b) によれば既に，複数の企業・学校・医療機関での導入が広がっている。

(度ありパソコン用メガネも製造されているが) 度なしパソコン用メガネについては，新しい販売チャネルとして，駅構内の自動販売機による提供開始が報じられた (日経新聞 2012)。

画面からの光の影響で，夕方まで作業すると目がショボショボし，疲れていたという潜在顧客が想像以上に多かったこと，そして，数社のレンズメーカーに絞り，企画・製造・販売までを自社で担ったことで抑えた価格設定も，普及を助けたと考えられる。

新規参入者の増加によりレッド・オーシャンとなる可能性もあるが，それまでの過程で，品質の向上・ファッション性を強化したラインナップ展開・(商品を導入した組織を含む) さまざまな評価 (フィードバック) が得られれば，国内外の子どもたちの健康を守ることを軸に，大規模な CSR/CSV が育まれていくだろう。

＊＊＊

Class 9
企業のケーススタディ（海外から日本へ）

Q9. 環境の緩和策と適応策の違いは？
・将来の街づくりに，どのような工夫が望まれると思いますか？
・商品やサービスを選択した際，一人の消費者として，AIDMA の流れを意識した経験を思い出してみましょう。

1. スマート・シティに挑む CSV 企業（1）

IBM の「スマーター・シティ構想」と「Smarter Cities Challenge」

「スマート・シティ」という言葉からは，スマートグリッド（次世代送電網：再生可能エネルギー推進に向けた，次世代の電力ネットワーク）によるエネルギーの安定供給と有効利用，例えば（需給バランスを踏まえた）売電システムを支える目的で各家庭に設置される電力計（スマートメーター）など，IT 技術を駆使した電力管理システムが思い浮かぶ。

しかし，スマート・シティを目指す本来の意味は，水道や交通システムといった生活インフラを網羅し，社会システム全体を見直す「効率的な都市のあり方」を模索することに他ならない。エネルギー資源の効率的な利用が，まちの成長へとつながれば，雇用創出力にも期待は広がっていく（ソフトバンククリエイティブ 2010）。

このようなスマート・シティ構築の方向性（「都市の発展」・「地域の雇用創出」）は，CSV が目指す成果と重なる部分が多い。さらに，環境政策の側面からも，企業が（スマート・シティ支援を通じて）「環境の適応策」推進に向けた強力なパートナーとなりえる点は注目に値する。

世界における環境政策は大きく二分され，それぞれ「緩和策（mitigation），適応策（adaptation）（IPCC 2007, 2008）」と呼ばれる。

前者は CO_2 削減技術の開発に代表される気候変動の緩和に関して，直接的効果が期待できるものを指す。

後者では，地域固有の特性，近年の気象変化を踏まえたうえで人々の生活環

境に不可欠なもの（例えば，ゲリラ豪雨による土砂災害を食い止めるための擁壁や，高さ・強度を増した海岸堤防など）を提供し，進行する気候変動にも適応できるような新ライフ・スタイルの提案を行う（気候変動に強い作物の開発やこれまで南部地方で栽培されてきたワイン用のブドウを温暖化傾向がみられる他地域で作ることも，環境の「適応策」に含まれる）。

　さまざまな要因が複雑に絡み合う地球環境問題には，緩和策と適応策の両面を踏まえた対策が望ましく，もし適応策に未着手のエリアが多ければ，従来の監視体制による被害予測は困難となり，包括的に対応できないケースが増えていく可能性は否めない。

　そこで IBM は，同社が掲げる「スマーター・シティ構想」の一環として，リオデジャネイロ（人口 1,200 万人）における生活インフラ（交通・水資源・公共安全・送電網・建物）状況をリアルタイムで把握する「インテリジェント・オペレーション・センター（2010 年 12 月～）(IBM 2011)」の運営にシステム面で携わっていると言う。

　これは，監視カメラ情報に基づいた救援チームの迅速な派遣に限らない。例えば，IBM 開発の気象・洪水予測システムにより土砂災害等が予測された場合には，その情報が市民に届けられ，台風が去った後も引き続き，（今後の災害対策に役立てるため）洪水のダメージを詳細に記録していく（小川 2011; IBM 2012b）。このような記録蓄積は，各エリアの「適応策」強化に必要不可欠だろう。

　IBM の CSV である「スマーター・シティ構築」を支えているものの 1 つに，公募型支援事業がある。これは「IBM スマーター・シティーズ・チャレンジ」と呼ばれ，毎年，世界中の自治体から「モデル都市」への応募が寄せられるプログラムだ。

　この活動は，単独の社会貢献プログラムとしては同社で最大規模と評されており，3 年間に約 5,000 万ドル（$1=¥100 換算で，約 50 億円）相当の技術・サービス提供を通じて，世界 100 の市町村が抱える課題解決のサポートを行う。

　課題は，「医療・教育・安全・社会・交通・通信・持続可能性・予算管理・エネルギー・ユーティリティ（IBM 2010）」と幅広く，これらの「データ収集→共有→分析→活用」という流れが「スマーター・シティーズ・チャレンジ」

プロジェクトの核に位置付けられている。

　実際に選出されたデータ活用案（IBM 2012a）には「さまざまな業界の誘致と職種幅の拡大」・「喘息の原因特定と改善」や「教育システムの質を向上させるために有効な投資の特定」等が含まれていた。

　このように専門職従事者（IBMのコンサルタント・技術者等）が多様なテーマと向き合うことは，同社が提供するビジネス・ソリューションの拡大と深化にも結び付くものと考えられる。

2. スマート・シティに挑むCSV企業（2）
GEの「エコマジネーション」と「ヘルシーマジネーション」

　ネスレ，IBM，GE，グーグル，ウォルマート，インテル，ジョンソン・エンド・ジョンソン，ユニリーバなどは，CSVの先進企業と言えるだろう（Porter and Kramer 2011）。

　なかでもGE（General Electric社）は，環境分野の「グリーン・イノベーション」と医療分野の「ライフ・イノベーション」双方で積極的に事業展開しており，グローバル企業としての存在感を増している。

　環境と医療の2分野におけるビジネス戦略はそれぞれ，"ecomagination（エコマジネーション）"と"healthymagination（ヘルシーマジネーション）"と名付けられた。

　2005年から開始されたecomaginationでは，当時主流であった社内業務を対象とした環境対策にとどまらず，ビジネス戦略として環境問題に着手し，'本業と環境を結びつけた'パイオニアとも言える。

　その後，エネルギー効率の高いecomagination製品の売上げは伸び，大きな成功を収めた。現在140種類にのぼるecomagination製品の中には，一般家庭用の洗濯機・冷蔵庫も含まれるが，航空機エンジンの環境配慮型への改良，太陽光発電や風力発電といった再生可能エネルギー・システム開発等，大規模なものが目立つ。さらに，GE（2011）によると2015年までに100億ドル（約1兆円）を投資する計画だと言う。

　日本では（B to Bの印象が強いためか），一般消費者が身近に感じる環境戦

略とは受け止められていないかもしれない（GE の取り組みについて以前，授業で取り上げたことがあったが，一部の学生は，私が自動車メーカーである GM 社（ゼネラル・モーターズ）の話をしていたと，ずっと勘違いしていたそうだ）。

　GE では，自社 R&D を強化する以外の方法も模索する。
　例えば，"Ecomagination Challenge" と呼ばれる環境技術の公募を通じて，新技術・画期的なアイデアを外部からも積極的に取り入れてきた。150 の国々から 5,000 件のアイデアが寄せられ，既に 22 社に対して 1 億 3,000 万ドル（約 130 億円）の投資を行ったと言う。
　具体的には，住宅・オフィス・データセンターのエネルギー制御ソフトなどの開発を手掛けるベンチャー企業らとパートナーシップを組みながら，スマート・シティ構築という大きなビジネスチャンスの獲得を目指している（GE 2011，小川 2011）。
　同社では，従業員が imagination（イマジネーション）を働かせることで社会問題への貢献とビジネスを両立していくことを掲げており，ecomagination は eco（エコロジーとエコノミー：環境と経済）と imagination を組み合わせた造語だ。
　同じように名付けられた，ヘルスケア分野における healthymagination（ヘルシーマジネーション）が，2009 年より 6 年間の戦略としてスタートした（GE 2010）。
　さまざまな国で QOL（Quality of Life：生活の質）を高めることができる医療制度改革が議論されていることからも，healthymagination の目標には「医療コストの削減・アクセスの拡大・質の向上」が挙げられており，プロジェクト開始から 2 年目で，既に 43 の関連製品やサービスがうまれた（2 億 3,000 万人を超える人々のヘルスケアに役立てられている）。
　2015 年までに医療分野のライフ・イノベーションに 60 億ドル（約 6,000 億円）を投資していく計画で（GE 2009, 2010），「予防医療（早期発見）・IT の活用・自宅での医療サービス」などがその具体例だ（GE 2012）。
　英国では，3 分間の MRI 脳卒中検査（GE 2009）を導入することで，脳卒中

による死亡率を減らす政策にも貢献している。

　同じように，青森県東通村では，医療機関へのアクセスが良くないため，日経新聞（2012）によると GE が開発した医療機器（超音波診断装置・心電計・骨密度の測定装置など）が搭載された「ヘルスプロモーションカー」で，検診や治療を行う実証実験が始まった。

　また，プロジェクトやレポートに分かりやすいキャッチフレーズを用いている点も興味深い。例えば，同社の Silver to Gold（EIU 2010）である。Silver は日本の高齢社会を指し，Gold は彼らが QOL（生活の質）を高めながら暮らしていくことができるチャンスを意味していると言う。

　健康増進支援プロジェクト Silver to Gold は，「企業の環境戦略によって，いかに競争力を高めるか」をテーマにした書籍『Green to Gold』を連想させるようなフレーズでもある。読者や従業員に1つのプロジェクトに対し深い理解を促しながら，他分野プロジェクトとのつながりを感じさせることで，社会への波及力を増しているように思う。例えば，'環境配慮型の医療機器（GE 2008）'といった，分野を超越する研究開発も続けられている。

　同社が蓄積してきた「環境とヘルスケア分野」の技術が，スマート・シティに応用されれば，（地域の医療連携・遠隔診断などによって）世界でより多くの人々の医療アクセスが改善されていくだろう。

3.「コンパクト・シティ」と「スマート・シティ」の両立

　ブラジルのクリチバ市は，"コンパクト・シティ（都市の中心部に核となる施設を集約し，公共交通機関でアクセス可能な場所を増やすことで，高齢者にもやさしいバリアフリーの街づくり）"の成功事例として，広く知られている。

　さらに，同市は 2012 年の IBM「スマーター・シティーズ・チャレンジ」プログラムにおけるモデル都市の1つにも選ばれている。（既に構築されたコンパクト・シティという特徴に加えて）都市のスマート化がもたらす利点を組み入れることで，より効率的にサービスが提供できる街づくりを目指しているのだろう。

コンパクト・シティ構築のメリットとして，公共交通機関の利用者が増え，CO_2 削減といった環境の改善が挙げられる。また，日本においては，「社会的入院」解消に貢献する可能性もあるだろう。社会的入院とは，退院できる状態にもかかわらず，自宅に介護者がいないなどの社会的な理由により，入院状態が続くことを言う。

しかし根本的な問題として，日々の健康管理については自宅から病院への通院時間を縮めるだけでは改善しがたい，医療費の高騰という課題が残る。

医療費の高騰は多くの国々に共通する課題であるが，日本では，定期的に高齢者が集まって体操をする健康づくりが奨励されていたり，電気ポットの無線システム（象印 2012）により，独居高齢者の外出情報・健康状態（電気ポットの使用状況）を遠方に住む子どもたちに毎日メール送信するというサービスもみられる。

この話を授業で米国人留学生たちにしたところ，電気ポットで安否確認をしなくても，「電話すれば良いのに……」と予想外の反応だった。

米国では，予防医療が長年取り組まれてきた。その一例が，IT ネットワークによる遠隔医療システム（ATA 2011）であり，全米の半数以上の病院で導入されているそうだ。

日本の約 4 倍の広さを持つ米国アラスカ州では，都市部以外の住民は医療機関から離れた場所で暮らしていることが多い。点在する人口分布に鑑み，できる限り都市部のアンカレッジに主要施設を集約させる方針がとられ，中島，十蔵寺，北野，石橋（2009）によると 2007 年時点で同州の遠隔医療に約 25 億円（\$1＝¥100 換算）が投入された。

日本の自治体や被災地における導入例もあり，日本遠隔医療学会による「遠隔医療（Telemedicine and Telecare）」の定義は，「通信技術を活用した健康増進・医療・介護に資する行為（JTTA 2007）」と記されている。

私が大学院生だった頃，国内の遠隔医療に関するパイロット・スタディ「在宅健康管理」の調査に携わったことがあり，当時は仮想市場法と言われるアンケート方法が採用された（「もし，○○というシステムがあれば，あなたは○○に対して，どれくらい支払ってもよいと考えますか？」という支払意思額を尋ねる手法）。研究対象は，公共サービスで受益者負担は想定されていなかった

が，支払意思額（WTP: willingness to pay）の総額を参考に利用者が当該システムから享受する価値を探る目的であった．

2つの離れた自治体からの回答に基づいて比較分析を行ったところ，コミュニケーション機能が評価されているという結果がみられた（近藤 2003）．

専攻分野が異なる同級生のなかには，「遠隔医療の機器に依存してしまうと，余計に孤独になるんじゃないの？」という人もいた．

確かにシステムの利便性は，孤独感と表裏一体かもしれない．しかし，この事例では，（当時まだ珍しい取り組みであったからか……）特に同居家族が少ない利用者の間で（要介護認定度に関係なく），医療機関との常時接続・専門医からのアドバイスが安心感につながるという，一定の存在価値を示す回答が含まれていた．

仮想市場法は，生態系サービス（Ecosystem services: 生態系がもたらす公益的機能．例：森林による大気の浄化機能・景観の美しさ・水田の多面的価値等）の評価にも使用されていた方法で，それをヘルスケアの分野に応用した試みであった．

この方法を応用するにあたり，私たちが生きているなかで感じ取っている価値の種類について学んだ．総経済価値（Total Economic Value：TEV）は大きく「利用価値」と「非利用価値」の2種類に分かれる．

1つ目の「利用価値（Use values）」は，「直接的利用価値（Direct use value）」・「間接的利用価値（Indirect use value）」・「（将来利用することができる）オプション価値（Option value）」という要素から成り立つ．

例えば，マングローブ林の保全による経済的価値のうち，「木材としての利用・（マングローブの根は，魚の生息地であるため）漁業・エコツーリズム」が「直接的利用価値」に含まれる．そして，「間接的利用価値」には「CO_2の吸収力・海岸の保全」が挙げられる（UNEP 2011）．

2つ目の「非利用価値（Non-use values, or Passive use values）」は，「遺産価値（Bequest value）」・「存在価値（Existence value）」等に分岐し，利用することがなくとも得られる価値（例：次世代に残す価値や，歴史的・文化的価値）を指す（Janekarnkij 2008）．

社会と共有する部分を模索するCSV経営では，公共サービスと本業の融合

領域を扱うことが増えるだろう。

そのため（生態系サービスのような）非市場財や市場財の枠を超えて，人々が無意識のうちに感じとっている多様な価値についての学びは，いつか役に立つのではないだろうか（この「いつか，役立つかもしれない……」という思いは「利用価値」のなかの「オプション価値」へと結び付く）。

短期的な費用対効果だけでなく，人々が認めるさまざまな価値を踏まえたコミュニティ・デザインが広がっていくことを期待したい。

4. 学際性の価値

前述の「価値の種類」に加え，（学問分野や職種といった）バックグラウンドの違いがもたらす価値観の差に触れることも，CSVのアイデアから派生するバリエーションに気付くひとつのきっかけではないかと思う。

「違い」を感じる身近な例として，「機器やシステムが使いづらい」と感じる消費者が多い理由は，それを開発した人たちは「既に技術に長けている人材だから'感覚'が違うのだ」と，よく言われたりする。

専門分野による感覚の違いというのは，「どのような価値があるか」という本題にたどり着く以前の段階，例えば「価値のはかり方」など（それまで疑問視すらしていなかった事柄）で食い違うことも多い。それは不思議でもあり，面白くもある。

私は博士後期課程の頃，環境経済学の手法を用いて資源利用の評価を行う社会科学分野の研究室に所属していた。文理融合型の研究科に進学して良かったことは，院生の学際性が豊かであった点だと思う。

同研究科で出会った自然科学系出身の方から，「自然資源の計測（環境サービス評価）に，'いくら（円）？'っていう経済的な価値基準を適用するのは，どうかなぁ……」と，少し笑いながら聞かれたことがある。

数年後，生態系サービスの評価について，霊長類学者のジェーン・グドール博士が地球白書（2000）で「本来，自然というのは精神的な価値を持つものだけれど，あえて価格を付けるからこそ，守られる場合もある」とコメントされていたのを知った時，それまで頭にひっかかっていた何かが，スーッと消えて

しまった。

　人が理解・洞察を深めたいと考える背景には多少なりとも，異なる視点に触れた瞬間が影響しているのではないかと思う。異分野の立場からの率直なコメントや賛同だからこそ，説得力が増す場合もあるようだ。

　コミュニケーションの基本的なフレームワークのひとつに，AIDMA（アイドマの法則）と呼ばれるものがある。
　A は Attention（注意：消費者が，製品・サービスを知る），
　I は Interest（興味：製品・サービスに関心を抱く），
　D は Desire（欲求：製品・サービスを欲しいと思う），
　M は Memory（記憶）もしくは，Motive（動機：購入への動機を求める），
　そして最後の A は Action（行動：購買行動）を表す。
　1つ目の A は「認知」の段階，I から M までは「感情」の段階，2つ目の A は「行動」の段階に該当する。ただし，これはビジネスの場面に限らず，公共政策の制度設計にも当てはまるかもしれない。もし，奇をてらって人々を「認知・感情の段階」まで進めることに成功したとしても，（多様性や学際性の価値とも深く関わる）QOL に対する認識が成熟していない状況下では，最終的な「行動（制度活用）の段階」へと個人・組織を導くことは難しいだろう。今後日本はますます高齢社会が加速すると言われており，QOL 向上に資する取り組みが求められる。

　グローバル企業が，途上国で行う CSV（Class 5）では，産業集積をつくり，点在する人的資本に労働機会を提供することで，ほぼゼロの状態から，複数のコンパクト・シティをつなぎ合わせた回廊地帯にまで進化させていた。

　人々が安心して暮らしていくことができる将来の街づくりとして，（企業と自治体の連携による）迅速な情報提供が住民に行われるというスマート・シティの強みが，多くの地域で有効に活用されることを願う。

＊＊＊

Class 10
企業のケーススタディ（日本から海外へ）

Q10. グラミン銀行のマイクロクレジットとは？　その意義は？
これまでの学びを参考に，国内外の社会的な問題に取り組む
CSR/CSV 事例を探してみましょう。

1. 海外から注目される，国内の身近なシステム
JFE エンジニアリングの「サイクルツリー」

　Class 9 では，諸外国における CSV の事例を紹介したが，日本国内にも将来，海外に輸出されていく可能性を秘めた技術・システムが，次々と考案されている。

　英国のメディアに取り上げられた（Munk 2009），立体自動駐輪システムもその一例だろう（東京都江戸川区葛西駅前にある巨大な駐輪場システムでは，地下スペースに自転車 6,480 台（平置きを含め 9,400 台）を管理することができる）。

　2008 年から利用されているこの地下駐輪場は，機械式（JFE エンジニアリング 2012）のため，自転車の IC タグを用いた識別による迅速な出入庫が特徴だと言う。

　立体式駐輪場は「サイクルツリー（JFE グループ 2011）」と呼ばれ，葛西駅駐輪場には，円筒型の「サイクルツリー（収納数：180 台）」が 36 基，地下に設置されている。

　JFE エンジニアリングでは，円筒型（地上式・地下式）に加えて，水平型（地上式・地下式）の立体機械式駐輪場も手掛けてきた。

　例えば 2011 年から運用されている相模大野駅西側の設備（JFE グループ 2012）は，世界初の水平型立体機械式駐輪場であり，同じく水平型のものが 2012 年横浜の弁天橋駅に設置された。後者は地上式のため内部の見学もできると言う。

　自転車は，低炭素社会実現に向けた 1 つのツールとして注目されているが，

駐輪スペースが確保できず，放置自転車の増加に悩む自治体は多い。

立体駐輪場（ツリー型・水平型；地上式・地下式）の種類が広がったことで，土地有効利用の一環として，導入するケースは増えていくだろう。

また，JFE エンジニアリング（2011）によると，同社のさまざまな技術を早い時点から若手社員に知ってもらうことができるよう，省エネ・最先端技術を（2011 年に完成した）社員寮に取り入れている（例：地中熱を利用した空調設備，太陽光発電の設備，電気自動車の急速充電器など）。この社員寮に設置された「サイクルツリー」も見学可能で，施設全体がショールームとしての役割を果たしているそうだ。

GE 社（Class 9）のように，多様な企業とのコラボレーションは日本企業の間にも広がりがみられる。そこで次節以降は，消費者に身近な生鮮食品・衣料品などを扱う企業が進める CSR・CSV 事例を紹介する。

2. 企業のコラボレーション

平和堂「えこすぽっと」と明和製紙原料

食料品を中心にさまざまな品物を扱う株式会社平和堂は，近畿・北陸・東海地方に 133 店舗（2012 年時点）を展開するスーパーマーケット・チェーンである。

同社は 2010 年 6 月より，岡山県の古紙卸売業者である明和製紙原料株式会社と連携し，古紙回収システム「えこすぽっと」の運用を開始した（平和堂 2012）。

「えこすぽっと」は，平和堂の駐車場に設置されており，買い物客を含む多くの地域住民が古紙（古新聞や古雑誌など）をいつでもリサイクルできるシステムである。

古紙を大きな回収ボックスに入れると自動的に計量され，その重さに応じたポイント（1kg=1 ポイント）が「えこすぽっとポイントカード」に加算される仕組みだ。500 ポイントで，平和堂の商品券（500 円分）として使用することができる。

現在，この回収ボックスは平和堂の8店舗（2012年時点）にあり，約1,874トンの古紙が回収された。今後，「えこすぽっと」を設置する店舗数を拡大させていくと言う。

私もこのシステムを利用したことがあり，タッチパネルの簡単な操作で，とても便利だと感じた。その時に出会った他の利用者は，小さな子どもたちと協力しながら車で運んできた大量の紙類を投入していた。人が集まるところには目がとまるもので，買い物に来た時，駐車場で偶然「えこすぽっと」を見つける消費者は多いだろう。

このように，古紙の重さでポイントがたまるような取り組みが消費者の身近な場所で広がれば，学校やニュースで見聞きする社会・環境問題について，理解を促す効果もあるのではないだろうか。幅広い消費者の購買選択行動に変化が見られるようになるかもしれない。

日本では，CSR活動の評価に基づく社会的責任投資（SRI）の市場規模が諸外国と比べ小さい状態が続いている。これでは企業側が社会問題に対し新しいビジネス戦略を策定し，さらに大きなActionを起こそうとするインセンティブ（誘因）には成りえない。

同時に，消費者側にもインセンティブ設計（Class 14）が大切だろう（最初は斬新な取り組みであっても，一定期間を経て元の行動パターンに戻らないような工夫も求められる）。消費者が各種ポイントを貯め続けるという行動の背景には，ポイントの使途があり，その適度な選択の幅が鍵を握る。

ポイントの使途を工夫し成功した例として，TSUTAYA発行のTカードが有名だ。日本で，約3人に1人が利用するポイントカードであり，会員数は4,000万人を超えた（2012年5月時点）。さらに，世代別で見た場合には，20代の約64％が利用している。

人気の理由は，（業種を超えた）さまざまな経路を通じてTポイントが加算されること，そして，複数の加盟店において，Tポイントが使える点だろう。コンビニエンスストアを含む，カード加盟店（2012年5月時点）は全国に87社あり，計46,248店舗（CCC 2012）にのぼる。

企業側にとっても，Tカードの加盟店になることで購買行動のデータを基に，（集客力アップ・経営の効率化を実現するような）新しいビジネス・モデル

構築のヒントが得られるというメリットがあるそうだ（柴田 2012）。
　もしメリットを享受・実感できるようになれば，消費者が（紙リサイクル・システムの利用等）環境行動を続けるインセンティブは高まり，エコ製品・サービスへの認識度に影響を及ぼす可能性が増す。
　2000年に，公的機関における再生品の調達を促す「グリーン購入法」が，制定されて以来，オフィスでのエコ製品の利用は進んでいるが，その傾向が一般家庭にまで浸透しているとは言い難い。
　環境技術の研究・開発には，多額の投資が必要であるにもかかわらず，それらの売れ行きが芳しくなければ，価格転嫁は増える。つまり，消費者にとっては，いつまで経っても「エコ製品・サービスへの割高感」が残ってしまうという訳だ。
　普段スーパーマーケットで目にすることが多い価格表示ラベルにも，日本の環境技術が生かされている。
　ラベルプリンタや貼付け機器などを製造する株式会社サトーと，東京理科大学発のベンチャーが開発した「エコナノラベル（SATO 2012）」は，焼却時に排出される「CO_2を吸収・削減する，環境配慮型ラベル」であり，世界初の試みだと言う。ラベルの糊に配合されたCO_2吸収剤の働きで，焼却灰にCO_2を閉じ込めるため，排出量を約20%削減できるそうだ。

　本節で取り上げたスーパーマーケットの平和堂と明和製紙原料による「えこすぽっと」は，人々のライフスタイルに変化をもたらし，持続可能な社会構築に向けた身近な取り組みの一例だろう。今後新しいCSVが育つための土壌づくりとして有意義なCSRの連携であり，（社会の現状を踏まえた）このような「ボトムアップ・（業種を超えた）協働」は，コミュニティ発展へのキーワードと言える。

3. 出張授業・工場見学・企業ミュージアムでの学び

　大学から社会へのアウトリーチ活動（研究成果公開活動）として，高校生や社会人対象の出張授業・週末に行われる市民講座のような取り組みが増えた。

近年 (Class 4 のサントリーなど) 企業も積極的に教育活動を展開している。

明和製紙原料も例外ではなく，小六社長自ら（小・中学校，各種団体を対象とした）出張授業を無料で行う。

2007年には計105回実施され，約8,000人に対する古紙リサイクルの普及啓発活動であった。例えば，古紙（古いノートや画用紙等）から再生ハガキをつくるデモンストレーションを通じて，「紙は，ゴミじゃない！」ことを子どもたちに実感してもらうそうだ。小六氏によれば，古紙1トンのリサイクルで，製紙用の成木を約20本救うことができると言う。

同社は，町内・店舗・工場・学校・オフィスから古紙を回収しており，「ゴミ焼却炉から紙がなくなり，流通している紙を100％再生できるリサイクル・システムを有する社会づくり」を目指している（山陽新聞 2012）。

その夢を実現するために，（社内で，シュレッダー処理・焼却処分されることが多かった）機密文書の処理工場「リバースプラザ」を2001年，岡山に建設した（持ち込みの場合はポイントが加算され，1,000kgで1,000円分のデパートの商品券や図書券と交換可能）。利用のリピート率は90％を超えるそうだ。

その一例として，山田養蜂場から回収された箱詰めの書類は開封されることなく，リバースプラザで粉砕処理された後，製紙会社で再生紙に生まれ変わり，再び依頼主の職場で使用される。この「クローズド・ループ・リサイクルシステム（明和製紙原料 2010）」を山田養蜂場では2006年より導入しており，試算によれば，年間約700本分の木の伐採を回避することができた。

2011年，大阪に開設された同様の大規模施設は，企業からの持ち込み専用で，1kg = 30円という低価格で利用できるため，中小企業からの利用も見込まれている。施設での粉砕処理は，バインダーの金具やプラスチックに関係なく，段ボール箱に詰められた状態で扱われ，持参した書類については，その処理工程を見学することも可能だ。小六氏は，出張授業を含む一連の取り組みが評価され，2008年循環型社会形成推進功労者として環境大臣表彰を受賞した。

最近は，日本の大学生の間でも，就業体験であるインターンシップの参加が主流になってきているが（Class 6），それ以前の段階，例えば初等・中等教育の時点から多種多様な職場で働く人たちの姿を目の当たりにすることで，社会

への理解・関心をある程度まで高めておく必要があるのではないかと感じるようになった。そうでなければ将来，就活の波にのまれ，面接で'自分らしくない自分'を演じる日を迎えてしまうかもしれないからだ。

まったく興味のないことであっても，いつか聞いたことを思い出しながら，さまざまな解釈をするようになるだろう。そして，自分らしさを精一杯生かすことができるキャリア・パスを追求する意識が芽生えてほしいと思う。

就活に関しては，企業ばかりが責められる傾向にあるが，実は，多くの学生が周囲に乗り遅れまいと必死になり，日本における「一括採用システム」継続のサポーターという役割を（無意識のうちに）担ってしまっている点も，忘れてはならない。

近年，企業による地域社会とのコミュニケーションとして，工場見学・企業ミュージアム・授業といった取り組みが行われている。それを支える動きとして，工場見学の専門雑誌が販売されていたり，（都道府県別）工場見学の概要が経済産業省のサイトから発信されていたりもする（近畿経済産業局2009）。また，高校などの修学旅行に工場見学が組み込まれることも多いようだ。

以前，留学生の授業を担当した際，派遣元協定校からのリクエストで，2回の工場見学を取り入れた（東日本大震災の影響で留学生たちは早期に帰国することとなり，1社のみの見学となったが，私は事前打合せがあり，両社の工場見学をさせていただいた）。セキスイハイムでの工場見学（「工場でつくる安全な家（Class 6）」）では，施主が最終確認のため，製造ラインを訪れることができる。

製造工場の隣には同社の博物館「住まいのなるほど見聞館NARA」が設けられており，防災に関する映像・パネル展示や，（2種類の部屋に入り）気密性・断熱性の差が生みだす違いを理解するコーナーなど，建築にどのような工夫が施されているかを体感しながら学ぶ。

同じ敷地内のモデルハウスは，「子どもを賢く育てる家（セキスイハイム2012）」として教育効果を踏まえた設計になっている。例えば，大人がいる1Fキッチンのすぐ横に子ども用のスペースが作られており，いつでも小さな子どもからの問いかけに答えられる住環境が特徴の1つだと言う。

表10-1 企業メッセージとその取組み

企業	企業メッセージ	概要
タニタ	「健康をはかる」	社員食堂で開発したメニューのレシピ集を出版。消費者の健康意識の向上を促す。
GSユアサ	「深海から宇宙まで」（新しいエネルギーで，新しい未来を）	潜水艦から人工衛星まで，幅広い分野のバッテリーを提供。電気自動車（EV）等のリチウムイオンバッテリーの研究開発。
日清食品	「ライフスタイルの多様化に合わせた新たな「食」の可能性」	幅広い年齢層が楽しめる体験型食のミュージアム。電子レンジ対応製品の展開，世界初の宇宙食ラーメン等，新しい食の可能性を探求。

出典：タニタ（2011），GS YUASA（2011），日清食品グループ（2011）を基に筆者作成

　タニタ（Class 4）とGSユアサ（Class 8）の企業メッセージは，「健康をはかる（健康管理を手助けする幅広い機器・サービスの提供）」と，「深海から宇宙まで（さまざまな場所で使用可能なバッテリーの開発）」であった（表10-1）。

　日清食品では，「ライフスタイルの多様化に合わせた新たな「食」の可能性（表10-1）」を探求しており，同社が開設した「カップヌードル・ミュージアム」は，人気が高い施設の一例だ。対象は子どもから大人まで幅広く，即席ラーメンが誕生した時代背景，創業者である安藤百福氏が製品の開発に成功するまでのプロセスを映像などで学ぶ。

　実際のカップヌードル製造工場は別の場所にあるため，ミュージアム内には製造体験コーナーも設けられており，そこで白い容器に絵を書き入れ，スープと具材を自由に組み合わせることで，オリジナルのカップヌードルを作ることができる（私も参加したが午前中に入場しなければ，この体験コースに入れない程の大変な盛況ぶりであった）。

　電車に乗っていると，大きな風船で梱包された手作りカップラーメンを持っている家族連れによく出会う（ひと目で，どこに行ってきたのかが分かる……これも，一種のコミュニケーション効果と言えるかもしれない）。

　2011年における即席ラーメンの消費量は，新興国での需要の高まりを受け982億食と報告されており，今後も続くとみられる世界の人口増加に伴う食糧問題に対しても，食品メーカーとしての役割を果たしていくと言う（日清食品

グループ 2012）。

　さまざまな企業見学や新しい商品・サービスを通じて，企業間のコラボレーション（例：建築と初等教育など）を知ることは多い。特に，意外なコラボと遭遇すると，企業メッセージが社会へと浸透していく一端を垣間見ることができたようにも感じる。

　例えば，明和製紙原料では（企業等からの古紙の持ち込み以外にも）直接先方へ出向いて回収するサービスも行っており，全車に GPS を搭載し（盗難や飛散といったアクシデントを避けるため）警備保障会社とも提携しているそうだ。まるで，美術館に高価な芸術作品を輸送するかのような厳戒態勢を敷いている。

　「（森林がもたらす生態系サービス（Class 9）を保つためにも）古紙は貴重な再生可能原料だということを忘れないでほしい。紙はゴミじゃない。」というメッセージが，伝わってくるように思う。

4. 企業のコラボと CSV

Fast Retailing（ユニクロ）とグラミン銀行の「Grameen UNIQLO」

　Fast Retailing（FR）の報告書は（2012 年時点では）「CSR レポート」という名称で公開されているが，その取り組み内容は CSR と CSV の両者がバランスよく構成された，CSV の先進企業である。

　同社では多彩なプログラムが実践され，例えば CSV に限定しても，「CSV の取り組みとして開始されたもの」と「CSR 活動から CSV に発展したもの」の大きく 2 つに分類される。さらに，それぞれが「幅広いステークホルダーを巻き込んだ，コミュニティ活性化プロジェクト」と「従業員のエンパワーメント（権限の強化）と関連した，コミュニティ活性化プロジェクト」のように，分岐していく（Kondo 2012）。

　ここでは新しい連携のカタチとして，FR（ユニクロ）とグラミン銀行グループのグラミン・ヘルスケア・トラストが 2011 年に立ち上げた合弁会社「Grameen UNIQLO」（FR 2010）を取り上げたい（先の分類で言えば，「CSV と

して始まり，多くのステークホルダーが参加する，コミュニティ活性化事業」に該当する）。

　2006年にノーベル平和賞を受賞したムハマド・ユヌス氏が2011年まで総裁を務めていた，バングラデシュのグラミン銀行は，貧困のために融資が受けられない人々を対象とした「マイクロクレジット（少額で無担保の小口融資）」を始めたことで知られている。

　FR（ユニクロ）は，貧困・保健衛生・教育等の社会的課題の改善に向けて，グラミン銀行とパートナーシップを組んだ，初めての日本企業だ（FR 2011）。

　高品質で低価格を実現するユニクロの効率的な生産ノウハウを生かしながら，バングラデシュの素材を用いて新しい衣料品を普及させ，衛生面の改善を目指す。そのため，貧困層の人々も購入できる価格（1ドル以下）が設定された。例えば，FR（2012a）によるとポロシャツ・民族衣装のサリー・女性向けのサニタリー製品などに加えて，子ども向けTシャツの販売も始まった。

　グローバル企業であるFR（ユニクロ）は雇用機会を増やしながら，「多くの人々の自立」を支援することが，貧困脱却のステップだと認識している。

　雇用の例として「グラミンレディ（グラミン銀行からの融資をもとに，自立を目指す女性たち）」が出身地である農村部をまわり，ユニクロ衣類の対面販売を行う（販売方法や商品・金銭管理といった指導も受けることができると言う）。

　グラミンレディの人数は30人から（2012年時点で）100人以上に増え，彼女たちは得た収入を，子どもの教育費に充てることを目指している（今後2年間で，約1,500人の雇用創出が目標として掲げられた）。

　新事業の立ち上げにより，地元の素材使用，縫製・販売従事者を増やし，技術等のスキルを高める人材開発も行いながら，収益を事業に再投資するという好循環を継続させていくことは，決して容易ではない。しかし，同社はグラミン銀行の協力を得て，コミュニティと協働しながら，着実に前進している。

　2006年よりFR（ユニクロ）が着手している「全商品リサイクル活動」は，消費者から回収した商品を，難民キャンプや世界各地の被災地に届ける取り組みであり，その規模の拡大は続いている（2011年より，米国・英国・フランス・韓国・シンガポールでも開始された（FR 2012b））。

店頭や巨大な新聞広告で，(再利用を待つ海外の人々のために)「300万着，足りません。」というメッセージを見かけたことがあるかもしれない。

2012年3月からは，上海で「全商品リサイクル活動（ユニクロ 2012）」が始まり，田中（2012）によれば中国の主要メディアや消費者もこの活動に注目しているそうだ。国内外のコミュニティにおいて，一貫性のある企業行動を示すことで，存在価値を高め続けている好例だろう。

このリサイクル活動と同じように，(年間100万点の衣料品販売・途上国における雇用拡大を目指す)「Grameen UNIQLO」のビジネス展開に対しても，その理念に賛同するステークホルダーの輪が広がっていくことを期待したい。

＊＊＊

PART III
起業家精神とインセンティブの活用

Class 11
起業家の特徴について

Q11. 起業家の活動と CSV 経営に共通する社会貢献とは？
　　 Change Agent とは？

1. 起業家の3つのタイプ

　今回は PART Ⅲ「起業家精神とインセンティブ・システム」の初回として，起業家（アントレプレナー）の特徴・種類・社会貢献などについて紹介する。
　収益性の高いビジネスチャンスを見出す起業家は，戦略的なリスク・テーキングをしながら，事業を立ち上げ，引き続き運営していく。
　リスクテーカーと聞くと，すぐにギャンブラーだと思ってしまう学生は多いが，起業家はギャンブラーではない。（もちろん，ギャンブルのように，ビジネスが成功するためには運も必要かもしれないが）起業家の大きな特徴の1つとして「とらなければならないリスクと，そうでないものについて熟慮し，決断を下している点」が挙げられる。
　起業家は，3つのカテゴリーに大別できる（Boone and Kurtz 2006）。
1. 従来型の起業家（Classic Entrepreneurs）は，継続的にビジネスチャンスを見出しながら資源を投資し，新しい市場を切り拓いていく多角経営型の起業家（Serial Entrepreneurs）であるため，一般的によく知られているタイプだろう。
2. 社内起業家（Intrapreneurs／Corporate Entrepreneurs）は，大きな組織に属しながらクリエイティブな業務に従事し，イノベーションを起こす人たちを指す。
　　例えば，社内起業家の育成で知られる 3M 社では「15%ルール」が有名で，勤務時間の 15%は研究を含む自由な活動時間として利用することができる。矢口・小原（2007）によるとグーグルは，それを応用した「20%ルール」があることで知られている。

3. マネジメント変革型の起業家（Change Agents もしくは，Turnaround Entrepreneurs）とは，企業経営を活性化させるためのコンサルティング業務を担うために，社内外から登用された人材のことだ。

　日本の大学生は，大手志向だと言われて久しいが，授業を担当するなかで，起業家というキャリア・パスに興味を持っているという学生に少なからず出会ってきた。

　どういうビジネスに携わりたいと思っているのかと聞くと，具体的な構想ではなく，「まず，どこか大きな組織で働いて，ノウハウと人脈を築いてから，起業できればと思っています」という，堅実な独立までのステップが答えとして返ってくることが多かった。それは決して間違いではなく，もともと組織で勤めていた人が，起業家として活躍する例はたくさんある。

　個人的には，起業家というと（私と同じ大学寮に住んでいた米国人学部生の影響か），学生時代に会社を立ち上げ，そこから徐々に大きくしていくという印象がいまだに強い。Google も，かつては 2 名の大学院生がはじめた小規模ビジネスだったことは有名だ。

　もちろん，1 つのビジネスを成功（継続）させるのは，難しい。米国における新規ビジネスの約 50％が 5 年以内に頓挫すると言われている（Shane 2009）。1 つのビジネス・アイデアを軌道に乗せるには，時間・創意工夫が必要であると多くの若者が理解しているからこそ，早めにチャレンジを繰り返し，数々の失敗や経験から学ぼうとしているのかもしれない。

　一方，日本では公務員や大手企業への就職希望者が不況時に増える傾向がみられる。以前授業で「米国では，不況時の方が Start-ups（起業）件数が増加する」という話をしたところ，驚く受講生もいた。具体的には，Layoff（解雇）になった労働者が，「自ら，労働機会を確保する（Job security）」という，リスクマネジメントとしての起業理由に興味を持ったのかもしれない。

　Fairlie（2010）によれば 2009 年は米国の過去 14 年で最も起業件数が多く，テクノロジーブーム当時（1999～2000 年）の起業レベルをも上回ったと言う。ただし，起業の時期が不況・好況に関係なく，そのサバイバル率が厳しいことに変わりはない（Shane 2009）。

2. 起業家の活動がもたらす社会的な変化
CSV 経営との共通点

　起業家のビジネス活動が社会にもたらす変化として，1. 新しい商品開発・サービスの提供といったイノベーションの創出（例：ニッチ市場），2. 大企業へのサプライヤーとしての役割，3. 雇用の拡大などが知られている。Bovee and Thill（2008）によると，米国の民間部門における労働力のうち，約50％が（かつての Google のように）規模拡大を目指す小規模ビジネスによって雇用されており，新しい職の源泉にもなっている。

　これらの特徴は，CSV 展開によって実現するコミュニティのメリットと重なる部分が多い。

　そのため，CSV 事業というのは，「その企業が持つ'コミュニケーション能力'と'起業家精神'が凝縮されたもの」といっても過言ではないと思う。

　起業家精神（Entrepreneurship）には独創性に加えて，不確実性に対する忍耐力・自分自身をコントロールする力などいくつかの核となる項目（Boone and Kurtz 2006）がある。

　「この取り組みをこのように変化させればうまくいく」といった Vision への具体的なプロセスを策定する能力も大切であるが，ネックとなるのはおそらく「自己効力感」の高さだろう。自己効力感（self-efficacy）とは，そのプロセスを自分が実践できるという自信だ。

　たとえ組織の中にいても，ルーチンワークだけでなく起業家のような感覚で考えながら行動し，意思決定を行うすべての社員を"知識労働者"と呼ぶ。これは，経営学者ドラッカーが提唱したコンセプトの1つで，単純労働者ではなく，知識で企業に付加価値をもたらす"ナレッジワーカー"という名称でも知られている。

　従来の企業内研修を補完するさまざまな趣向を凝らしたワークショップやリーダーを育てる制度に積極的な企業が，CSV 先進企業として進化を続けているという関連性は見逃せない。

　他社の事例分析にとどまらず，（一見遠回りにも見える）知識労働者からの多様な発想や，それらを引き出すリーダーシップ・スタイルについての理解を醸

成することが求められているのだろう。

3. リーダーの種類

裁量を与える後方支援型のリーダー

　想い描くリーダー像は，置かれた状況やチームの規模などによっても随分変わってくる。いくつかの例を挙げてみよう。

強いリーダーが去った後の新リーダー

　例えば，Apple の新 CEO であるティム・クック氏は，以前から貢献度の高い人物として知られていたが，前 CEO の故スティーブ・ジョブズ氏とは印象が異なる温厚なタイプのリーダーであるため，新しい Apple のイメージを築くには有効だという見方もできる。

海外での新規事業を任せるリーダー

　海外における事業展開で，極めて高い語学力を必須だと考えるのか，それとも（現地の言葉にはそれほど精通していないが，通訳を雇い）関連分野の実績をより重視するのか，といったように判断基準は一様ではない。高い語学力と実績を兼ね備えた人材を探し続けるという選択肢もある。

老舗企業などを再生するリーダー

　例えばデパートや旅館，伝統工芸品・伝統食品を受け継ぐ店主も含まれるだろう。事例分析を行う場合は，経営戦略とともにどのような能力・資質を培った人材が変化をもたらすことができるのか，という観点で考察するのも興味深い。

新商品の開発リーダー

　技術職としての視点を生かしつつ，学際的な視点からも文理融合型のプロジェクトを想定するケースなどが挙げられる。

その他のリーダー

　大・中規模な組織に限らず，各種スポーツ・音楽チームを成長へと導くリーダーなども考えられるだろう。

　このように「リーダー」という言葉を聞くと，前に立って皆を引っ張っていく人というイメージが強いかもしれない。しかし，近年新しいリーダー像の模

索が続く。

　経営学の教科書などに紹介されてきた主なリーダーシップのスタイル（Bovee and Thill 2008）は，下記の3種類であった。

1. 専制型のリーダー（autocratic leaders）
　リーダーが具体的な指示をメンバーに出すため，周囲の評判は厳しくなるが，危機的な状況など，明確な指示系統が不可欠な場面には，望ましいリーダー像であるかもしれない。
2. 民主的なリーダー（democratic leaders）
　従業員参加型マネジメント（participative management）が特徴で，高い評価を受けることが多い。
3. 放任的なリーダー（laissez-faire leaders）
　権限の多くを下部組織に委譲する。そのため，監視されていなくとも，着実に物事を進めていく，自立した従業員がいることが前提条件と考えられる。

　1番目の「専制型のリーダー」は，カリスマ性を伴ってはじめて発揮されるものかもしれないが，故スティーブ・ジョブズ氏の経営手腕を彷彿とさせる。
　彼はAppleのCEOに着任した後，社内改革を行う目的で人と会うたびに「今，君はこの会社のために何をしている」と，聞き続けたそうだ。
　ある日，エレベーターで一緒になった従業員も例外ではなく，彼の質問に答えなければならなかった。ところが，うまく回答することができなかったため，エレベーターを降りる時には既にクビにされていたというエピソードが語り継がれており，当時の彼の強靭なパワーをはかり知ることができる（Jobs 2007）。
　2番目の「民主的なリーダー」は，部下たちにも意思決定の場面に参加させるなど，多数の合意に基づくマネジメントをモットーとし，周囲からの評価も高い傾向が見られる。しかし，注意すべき点は，このスタイルが時として，弊害をもたらすケースだ。
　池田（2012）によれば，特に日本では（1つ目の専制型リーダーほどでなくとも）強いリーダーは嫌われやすい。そのため，各部署の意見を満遍なく組み

入れる調整型にならざるをえないと言う。結果として（何が軸なのかが分からない）多機能過ぎる携帯電話のように国内特有の商品・サービスができ上がってしまう。このようなプロセスを経て，グローバル市場には対応できない'ガラパゴス化'が助長されていくと言う。

大きな方針を決める際は，コンセンサスを得ることが望ましい。ただし，ビジネスのさまざまな場面においてガラパゴス現象が見られるのは，民主的なリーダーシップが行き過ぎてしまい，取捨選択できないような状況に組織がたびたび陥っているからだとも言える。

「ガラパゴス化」以外にも，「ケインズの美人投票」と呼ばれる現象を聞いたことがあるかもしれない。一言で言えば，その場の空気を読むことだ。

つまり，（自分の本心を伝えるのではなく）集まったメンバーたちが最も好みそうな選択肢を各メンバーが予想してそれに投票するという，最大公約数の探り合いを指す。その名称は（投資家行動を説明した）経済学者のケインズに由来する。

この「ケインズの美人投票」が，繰り返し行われる職場環境となってしまえば，その組織本来の強みである特徴を，商品・サービス，そしてCSR・CSVに発揮していくことは難しい。

そこで，3番目の「自由主義のリーダー」が登場する。このようなリーダーシップは無責任だと誤解されやすいが，業務や研究がスムーズなチームには多くの場合，このリーダーに近い雰囲気を醸し出すキーパーソンがどこかにいるように思う。

状況によって機能的かつ効果的な指揮系統は異なるものの，近年「自由主義のリーダー」から派生・発展した「背後から指揮するリーダー（Hill 2012）」が新しいリーダーシップの一形態として注目されている。別の言い方をすれば，「羊飼いのようなリーダー像」だと言う。

これまでのリーダーに関する研究は，欧米の理論が中心であった。ところが，新興国では従来の理論が通用しないケースもあるそうだ。現在，リーダーの資質として，極めて多様なバックグラウンドを持つ人々をまとめていく統率力と，「集団としての天才」を作り上げる能力が求められており，例えば中東諸国における金融界のリーダー，そしてアフリカ諸国の政治的なリーダーたちに

関する研究が目下進められている。

　新しいリーダー像は，「裁量権を与え，それを上手に活用させるリーダー」とも表現できるのではないだろうか？

　これは，日本における若年層へのキャリア形成教育を考えるうえでも，重要な視点だと感じている。なぜなら，彼らの多くはこれまで常に大人の監視下に置かれ，学則や先輩・後輩を含む人間関係のルールに縛られて，自分の本当の気持ちよりも，周りの空気の読み方を中心に学んできたのではないかと感じることが多かったからだ。

　小さい頃から授業を通じて，自由を手にするために市民が行った運動の歴史や，自由をテーマにした詩・文藝作品などに触れる機会に恵まれてきたかもしれない。また，大きなキャンバスに，色彩豊かに自由を表現した絵画・躍動感にあふれた彫刻も，美術館で幾度となく鑑賞してきたことだろう。

　しかし，彼らは果たして，その自由（裁量）が自分たちの手に与えられたとき，どのように有意義に行使するか？については，あまりにも無関心のまま育てられてしまっている印象を受ける。

　おそらく，裁量という言葉を聞いたことがなくとも，その感覚を認識するのは多くの場合，親元を離れて大学に進学した後なのかもしれない。

　ある大学での初回授業で，簡単な，クラスのレベルチェックとして，語学の練習問題を解いてもらった。試験ではなかったので，各学生が持参していた紙を使ってもらうことにした。「後で提出してもらいますので，名前を書いてください」と伝えたら，紙のどちら側に名前を書いてよいのか分からず，キョロキョロあたりを見回している1年生が何人かいた。

　「見えるところでしたら，どこでも良いですよ」と伝えたものの，私が最初からハッキリと「右上に名前を」と言えば良かったのだとすぐに気付いた。これはほんの些細なできごとであるが，「なんでもいい，どこでもいい，各自が思うように，どうぞ……」という「'オリジナリティ'という名が付いた曖昧さが，一番嫌だ」と感じさせてしまう，長年の厳格な習慣の影響を目の当たりにすると，その度合いに関係なく，驚きと怖さが入り混じった気持ちに包まれる。

　気付けば，情報に振り回され「周囲の期待に合わせることを良しとする，ガラパゴス制度」の最たるものが，日本の就職活動だろう。

親からのアドバイス・応援，周囲のライバルたちの状況把握というのは，本人にとって大いなる力を与えてくれることもある。ところが，最近見聞きする奇妙な現象は，多方面からのすべてのニーズに対応しようと，複数の内々定の間で悩む，一見贅沢にみえる学生たちがいることだ。

「就職難」という問題は，内定が1つもない状況と結びつけて考えてしまうことが多い。しかし周囲に後れを取らないようにと希望就職先ではないところからいくつかの内々定を得て，この先も就活を続けるべきか，進学するか就職浪人するべきか，後になってから真剣に悩む学生たちにも，本当は当てはまる言葉だと思う。

近年の新入社員の約60%は「一生，同じところで働き続けたいと思っている」という，アンケート結果をまとめた記事を見かけた。これは，1990年に調査が開始されて以来，過去最高値だ（2000年前後には，同様の回答は約20%であった）（読売新聞 2010）。就活が思った以上に長引き，もう二度と経験したくないと思うのは自然なことだろう。

一方で，このアンケート結果は「おそらく，ずっと同じところで安定的に働ける状況は期待できないだろう」と多くの新卒者が感じているからこそ，溢れ出た希望的観測なのだ，という解釈（守島 2012）も紹介されている。

私もこの解釈は，現場の状況と極めて近いと感じている。「ひねくれた，都合のよい解釈だ」と揶揄されるかもしれないが，キャリア教育で大事なことは，このような数値結果の多面的なものの見方であり，洗脳されない力なのかもしれない。

最終的に就活生を救うもの，それは（'常識的'とされる解釈と独自の視点を比較する姿勢を失わず）学生生活を通じて自分の中に「根拠のない自信」をどこまで積み上げられるかにかかっているように思う。

私は（同じ職種内であるが），何回か転職している。公募にチャレンジし続ける転職活動は肉体的にはつらいが，新しい職場に移ると，不思議と前にいた場所よりも精神的に救われていることを実感する。

おそらく，ライフ・ステージに合わせて働き方を変えることで，起業家のように「自分が自分自身をコントロールできている」という錯覚を保てるからかもしれない。

転職は脱臼と同じで，一度してしまうと癖になるそうだ（新 2011）。所属先を何度か変わっているうちに，私は「一つの組織に対して，ライフ・ステージに対応できるような仕組みを期待すること自体，不景気と言われる昨今，贅沢なのでは……」とすら感じるようになっていた。
　しかし，CSV の研究を進めていくにつれ，徐々に考え方に変化が生じている。
　かつて，ポーター博士が，企業にとっては脅威と捉えられていた「環境規制が適切に設計されていれば，企業を強くする」と述べたように，企業にとっては負担ともなりかねない「ライフ・ステージに対応したキャリア形成を視野にいれた経営が，企業をより強くする」のではないかと考えるようになった。

　従業員の柔軟な働き方・生き方を創造する制度設計を行うことは社内人材の厚みを増し，（'後ろから指揮するリーダー'を含む）リーダーシップ・スタイルの多様性が息づく社風づくりに貢献するものと思われる。
　CSR から CSV への過渡期を迎えるなかで，コミュニティとの共通価値を探求し企業競争力を高めると同時に，（人々に裁量権を的確に与え，社会システムの中・長期的な発展に資する）'羊飼い型リーダー'の発掘・活用が進めば，（現在，学生と組織のあいだを走る）'内定・就社行き鉄道用レール'の画一的なカタチにも一石が投じられることになるだろう。

＊＊＊

Class 12
海外の起業家・企業経営者から学ぶ

Q12. 社内外のネットワークを強化するために，どのような工夫が挙げられていましたか？

1. 開拓者，そして Change Agent としての企業再生
スターバックス会長兼 CEO ハワード・シュルツ

　最近，書店や学校図書館内にキャリア・就職関連書コーナーが設置されているところが増えた。周囲の学生に人気が高い書籍の一例として，スターバックスの成功と再生の物語が挙げられる。

　コーヒーショップチェーンのスターバックスは，世界で1万 7,651 店舗 (2012 年 7 月時点) を展開しており (Starbucks 2012c)，同社の会長・社長・最高経営責任者 (CEO) であるハワード・シュルツ氏は，2011 年 "Business Person of the Year—*Fortune* (最も優れたビジネスパーソン 2011)" の一人にも選出された (Starbucks 2012b)。

　同社の成長は，シュルツ氏が経営するコーヒーショップ Il Giornale (イル・ジョルナーレ) が 1987 年，(業績不振に陥っていた) コーヒー豆の専門店スターバックスを買収したことから本格的に始まった (イル・ジョルナーレは，当時のスターバックスからコーヒー豆を仕入れていたと言う (Starbucks 2012c))。

　シュルツ氏は大学を卒業後ゼロックスに入社し，雑貨会社の副社長を経て，スターバックスにマーケティング担当役員として転職していた。しかし，当時の経営陣にカフェ展開のアイデアを認めてもらうことができず退職し，自らコーヒーショップ・ビジネスを立ち上げていたのだ (上阪 2012)。

　その後 (元の勤務先の買収を経て) ビジネスを成長へと導き，今では世界約 60 ヶ国で展開するまでになった。これが，シュルツ氏による一度目の企業再生である。

2000年以降シュルツ会長は経営の一線から退いていたが，2008年赤字に直面したことをきっかけに，再びCEOを兼任することとなり，二度目の企業再生を成し遂げたChange Agentとしても知られている。

瀬戸（2011）によれば赤字企業を救うためには，約900店舗の閉鎖という痛みを伴う構造改革を断行しなければならなかった。このような従来型の構造改革以上に復活の鍵となったのは，多方面からの検証とシュルツ氏の「窮地の時こそ本質を忘れない」精神を社内で共有できたことが大きかったと伝えられている。

スターバックスにとっての本質とは「コーヒーの香りが漂う，特別な空間（家でも職場でもない，3rdプレイス）」の提供だ。

シュルツ氏は，その心地よい3rdプレイスでの体験がいつの間にか，コモディティ化（競合他社の商品・サービスとの差別化ができなくなる状態）へと向かっているのではないかと，CEO再任前からすでに危機感を抱き始めていたという（Salsberg 2012a）。この場合のコモディティ化とは，消費者が「どのコーヒーショップに行っても，店内の雰囲気や商品は大して変わらない」と判断してしまう状況を指す。

経営が軌道に乗ると，その成功体験によって企業の進化スピードは鈍ることが多い。そこで，同社は再生に向けて「my STARBUCKS IDEA（私のスターバックスへの提案）」というサイトを開設し，外部からのリクエストをできる限り集約させることを始めた。このネット上の空間を'4thプレイス'と呼ぶ。

4thプレイス開設の背景には，悪い噂・苦情が拡散することで適切な対応が難しくなる（瀬戸2011）'リスクの軽減'に加えて，投稿内容からニーズを読み解くことでブランド価値を高めるという，情報共有の視点も含まれていた。

経営コンサルタントの職務は，よく'企業の医師'とたとえられる。

体力を過信し体調を崩すことで，あらためて日常のメンテナンスの大切さに気付く私たち人間のように，組織もいつしか柔軟性を失い硬直化する'大企業病'を患ってしまうケースは，少なくない。

進化の速度が鈍化すれば，必然的にコモディティ（汎用品）化を招く。なぜなら，流れが止まっている間に，さまざまな特徴を他社に模倣され，独自性が消え失せてしまうためだ。

コモディティ化について，(かつて多くの家電製品がそうであったように) 自動車産業も例外ではないですよね？とインタビューで意見を求められた，日産自動車の社長兼 CEO カルロス・ゴーン氏は「(少なくとも，今後 50 年は) 車がコモディティになることはない！(山川 2012b)」と，これまで企業再生を担ってきた企業家として自信を見せる。

これはゴーン氏もシュルツ氏と同じく，自社の模倣困難性（安全性・デザイン・技術など）を常に視野に入れているからこそ出た言葉なのだろう（Class 6:「模倣困難性」は，VRIO フレームワークの I (inimitability) に該当する)。

シュルツ氏は，商品の質はもちろんのこと，長期的な視野に基づく「社員同士のコミュニケーション」や「働き方」といったキャリア形成にも新たな模倣困難性のヒントを見出していたようだ。

例えば，1988 年一定時間以上働くパートタイマーにも正社員と同様の健康保険を適用し，1991 年には民間企業として全米初のパート従業員も対象としたストックオプション制度 "Bean Stock (Starbucks 2012a)" を導入した（ストックオプション制度によって，役員や従業員はあらかじめ決められた価格（権利行使価額）で自社株を買うことができる「自社株購入権」を持つ)。

ただし，シュルツ氏の語り継がれる再生プロセスにおける功績は「模倣困難性」の特定能力に留まらない。その模倣困難性のルーツを実感できる機会を，ステークホルダーにどのように与えるか？というポイントも忘れなかった。

社会にインパクトを与える社員研修の導入（Salsberg 2012b）は，その一例である。全米の約 7,100 店舗を 3 時間閉店し，損失が生じるリスクを承知で従業員（コーヒーを提供するバリスタ）にエスプレッソ作りの再教育を実践したのだ。また，上阪 (2012) によると売上げに貢献する商品であっても，コーヒーの香りをかき消すような食品は販売を中止するよう指示したと言う。

研修の実施規模をステークホルダーに実感させることで，同社が再生にかける熱意を伝えようとしたのだろう。

人はいくら熱弁を振るわれても，都合の良い情報だけをキャッチし，通常その他多くのメッセージを聞き流す。

メッセージを受け取るのは耳だけではないことを，シュルツ氏はカフェという本業を通じて熟知していたのかもしれない。香りや視覚的な衝撃を与え，非

日常的な空間を印象づける体感型コミュニケーションを援用することで，バリスタの習慣・感覚を刷新した例と言えるのではないだろうか。

再度 CEO に就任してから 2 年後の 2011 年（9 月期），過去最高の売上高 120 億ドル（上阪 2012）（$1=¥100 換算で，約 1.2 兆円）を記録した。

　毎朝，駅から学校まではバスに乗っている。そのバスを降りる時，運転席の斜め上に表示されている，座右の銘（「継続は力なり」など）が見える。例えば，有名な詩からの引用文や，「社会の先輩（ご高齢の方）を大切に」という言葉，そして中には，メッセージの代わりに「○○バスですよ！」と注意喚起欄として活用されているものまである（似たルートを周回する他のバス会社と間違えて乗車するお客さんが多かったのだろう……）。なにげない言葉の選択から，それぞれの運転手さんの人柄が伝わってきて面白い。

　ある朝，その長方形のプレートに合わせて，縮小した絵のようなものが見えた。つり革を持ちながらよく眺めてみると，それは，快晴の日に撮られた航空写真であることが分かった。運転を担当している地域の全体像だろうか。撮影対象はかなり広く，おびただしい数の建物がぎっしり埋まっていた。1 つひとつ，建物の種類を識別できるサイズではなかったが，美しいフォトモザイク・アートのようだった。

　その方は，担当している地域を熟知していることを伝えたかったのだろうか？　それとも，街の風景に溶け込んでいる自分の仕事を表していたのか？

　一言も文字は書かれていないが，メッセージがどんどん突き刺さってくるようだった。仕事への多様な思いに出会えた貴重な瞬間であったと思う。

　人はバスや車の窓から外を眺めていると，無意識のうちに新しい看板に気付いたり，（和風の門構えの奥にそびえ立つ洋館のように）強過ぎるコントラストに反応したりする。

　最近，それほど離れていない場所に，同じロゴの各種チェーン店を幾度となく見かけるようになった。慌てて何か必要な商品・サービスを探している人にとっては，そのロゴが目印となり有難いと感じるだろう。一方で，景観を阻害しているのでは？と感じている住民（非顧客層）に対して，企業はどのような対応を取ることができるのだろうか？

現時点では非顧客であっても，地域住民というステークホルダーであり，巨大チェーンにとってはこの非顧客層への対応が，競合と差別化を図るうえでチャンスにもなりえる。

その一例として，再生後のスターバックスでは「地域配慮型＋環境配慮型の店舗」拡大が進む。瀬戸（2011）によると見慣れた緑色のロゴはなく，落ち着いた外観の店舗（米国シアトル郊外）には地元の年配客の姿が多く見られるそうだ。中でも 2009 年にオープンした店舗（シアトルの 1st and Pike 店）は，創業当初を思わせる茶色の外観が特徴的で，これまで非顧客だった層にも魅力ある空間を提供していると同時に，「リード認証（Leadership in Energy and Environmental Design（LEED）Certification）」も受けている。これは，木材の再利用・環境技術などが取り入れられた建物の証であり，店内のミニプレートには，その具体的な取り組みがメッセージとして掲載されているそうだ。

通常 Change Agents は，0 からではなくマイナスの状態から新たな取り組みをスタートさせなければならない。そのため（ステークホルダーの記憶・解釈の幅に広がりをもたらす），直接的・間接的なコミュニケーション・デザインを策定するバランス感覚が求められる。

スターバックスは，環境配慮型の店舗に贈られる "Sustainability Design Award—*Global Green USA* 2011（サステナビリティ・デザイン賞）" の受賞や，"The 100 Best Companies to Work For—*Fortune* 2012（勤務先として優良な企業 100 社）"，"100 Best Corporate Citizens—*Corporate Responsibility/Business Ethics* 2012（優良な企業市民 100 社）" などにも選ばれている（Starbucks 2012b）。

これらは，顧客ニーズへの迅速な対応と（従業員を含む）多くのステークホルダーへの姿勢が，総合的に評価された一つの形なのだろう。

2. 北欧から進出した IKEA
17 歳の起業家から始まった，理念の共有力

前節のスターバックス，ネスレ等よりもブランド力が高いと評される企業がある（Interbrand 2012）。

北欧家具メーカーのIKEAだ。同社インテリア商品のカタログ配布数（約2億8,000万冊）は印刷される本（31ヶ国語）として，世界一とも言われている。

近年，インターネットでの広報にも力を入れており，同社のe-bookを目にしたことがある人もきっと多いだろう。

「ライバルは，ディズニーランド」と2006年当時の社長が，日本での記者会見で語ったとおり（阿部2012b），実際にIKEAの店舗を訪れてみると購買意欲を掻き立てるインテリア・デザイン，ワクワク感を創出する工夫が至る所に感じられる。

巨大な店舗内には複数のショールームが設置されており，その間を歩き回りながら購入を希望する家具や小物を紙に書き取っていく。時間をかけて買い物ができるよう，スウェーデン料理を提供するビュッフェ・スタイルの食堂も店舗内に併設されている。

キッチン用品や，室内に飾るポスター，季節折々の装飾品に囲まれながら，巡回路の最後にたどり着くと（COSTCOのような）倉庫スペースになっており，その中で自ら，解体・梱包された商品を探しカートに積み込む。その後，レジで待つ間にも出口付近に設けられた軽食・土産物の販売コーナーで，買い物を終えた人々が集い，賑わう光景が目に飛び込んでくる。

一連のIKEA体験を振り返ってみると，子どもから大人まで楽しむことができる水族館を思わせるような展示の工夫が散りばめられていた。

IKEAは1943年，当時17歳だったイングヴァル・カンプラード氏により，スウェーデンの小さな村で誕生した。約70年の間に，41ヶ国で131,000人の従業員（彼らは互いにco-worker（同僚）という名称で呼び合う）を有する世界最大規模の家具・インテリア用品メーカーになった。

年間，247億ユーロ（€1=¥110換算で，約2.7兆円）を超す売上高を誇り，「より快適な毎日を，より多くの方々に（IKEA 2012b）」が同社のビジョンだ。

現在，日本では大型6店舗（2012年時点）が開設され，2020年までには，10〜12店舗を目指すというビジネスの拡大計画（大竹2012）も伝えられた。

「商品の機能性・デザイン性を重視するとともに，可能な限り手頃な価格で，幅広いホームファニッシング製品を多くの人々に届けたい」という創業当時か

らの企業理念を保ち，コスト削減を追求する姿勢は崩さない。

　IKEA (2011) によれば，商品設計を工夫することで製造コストを抑え，また（顧客が容易に持ち帰り，組み立てることができる）効率の良いパッケージ・デザインによっても輸送コストの削減を図っている。

　毎年コストを2〜3％下げることを目標に，店舗への直接納入なども実施され，「市場で，比較可能な商品を最安値で提供すること（イケアジャパンCEO）」が同社のルールだと言う。

　印象に残る店内の体験は，（商品開発を含め）各店舗における一連の流れを作り出す人材の影響も大きい。

　IKEA の文化を知る一つの参考資料として，同社の採用サイトにはクイズ (10問) (IKEA 2012a) が掲載されている。

　例えば，答え方によって自分という人間の特徴が理解できる質問や，「（社員からの休暇申請が重なった場合）彼らに，どのような提案をするか？，どの社員に優先的に休みを取らせるか？」といった将来現場のリーダーとなることを想定した（学生への）問いもあり，興味深い。

　ある女性新聞記者は「肉体的な疲れは寝たら取れるけれど，精神的な疲れは寝ても取れない」と言っていた。

　確かに，他者から見た表面上の慌ただしさだけで，相手の本当の疲労度を判断するのは難しいことに，就職してから気づかされることは多かった。

　休暇の取得許可はほんの一例であるが，リーダーが下すマネジメントにおける判断基準は，社会人と学生（または，社会人同士であっても世代間ギャップ）で感覚の差が表れやすいテーマかもしれない。

　IKEA のクイズでは，どの答えをしてもそれがダメだと判断されることはない。すべて個性・正解と認めつつ，同社との望ましい関わり方（例えば，従業員として，もしくは顧客として）を提案してくれる。

　「大学は，きっと休みが多い職場だろう」と思い，就職した方がいた。ところが（学生が，夏休み期間中でも…）自分たちは長期休暇が当然のようには取れないことを知り，若い頃ガッカリされたそうだ。

　ある日，この方が（日焼けした男性と一緒に私の方に近づいてきて）「この人

'1週間も'休んだんですよ。もうこの顔を忘れてしまったでしょう？」と冗談まじりに微笑みながら話しかけてきた。

　冗談を言った方が就職当時に感じていた「（土日を含めた）1週間'しか'」という感覚が，いつの間にか「1週間'も'」へと変わってしまったのか……少々不思議な気もする。人は，いつ頃から自分が嫌だったことを忘れていくのだろう。

　起業家の特徴・資質のひとつとして，「自分が嫌だったことを極力，相手にはしない」ことを目標に掲げる人は多い。

　上阪（2012）によれば，前節で紹介したスターバックスにおける健康保険の適用拡大は，シュルツ氏が幼かった頃，父親がケガにより即日解雇であったうえに，労災・健康保険にカバーされていなかったため一家が辛い思いをした経験が，その新しい制度導入の背景にあった。

　IKEAの創業者カンプラード氏も，同じような考えを持つ。

　1号店があるスウェーデン南部の村エルムフルトは昔，とても貧しく農作物も実らない土地だったと言う。そのため，資源を有効利用し（裕福ではない人々にも心豊かな生活を送ってほしいとの思いから）'家具'という富裕層向け商品を，より幅広い層にも普及させる決意をしたと伝えられている。

　現在，その村には世界に届けられるIKEAカタログ専用に作られた巨大なデザイン・スタジオなど複数の関連施設があり（大竹 2012），人口（約9,000人）の約4割以上の雇用を担っているそうだ。

3. 共有力を高めるための「こだわらない力」と「慣れない力」

　自分が思い描くキャリア・パスを歩むうえで，ロールモデルを探す人は多い。その中には，社会で注目される起業家・企業家といったリーダーたちの名前が含まれているかもしれない。そのような人物と直接出会えなくとも勇気づけられるお手本がいるだけで，心に安らぎ・希望をもたらしてくれることもあるだろう（Class 9の存在価値に近い感覚かもしれない）。

Class 12 海外の起業家・企業経営者から学ぶ

就活中にロールモデルを見つけようとする姿勢自体は素晴らしいが，キャリア・パスの選択で迷う多くの学生を見て感じるのは，ロールモデルは必ずしも，実在する一人の人物である必要はないということだ。それぞれの良い部分を組み合わせた，仮想の人物像を自分に投影してみるのも一案かと思う。

それは，「こだわらない力」とも称される。

例えば，GEの元CEOで最高の企業家の一人と評されたジャック・ウェルチ氏は「こだわらない力」を発揮し，(既存の分野間の垣根を取り払う) ポートフォリオ経営 (楠木2012) を実践したことで知られている。その結果，赤字に陥っていたGEの業績を見事に回復させた。

最近の'こだわらない'例として，2012年の夏，第2のIKEAと目される北欧の雑貨ショップ Tiger Copenhagen が1号店を大阪にオープンした。Tigerは，デンマークのゼブラ社が運営しており，同社CEOレナート・ライボシッツ氏によれば，大阪に出店した理由は「東京に比べて都市のサイズがコンパクトな大阪で1店舗をオープンしたら，全体から人々を呼ぶことができ，広く知れわたると考えた (阿部2012a)」からだと言う。本国では既に60店舗を展開しているが，人口の多い日本では100店舗単位の規模に育てていくことを目指しているようだ。

これまで世界的なチェーンは，ビジネスチャンスが大きい東京に1号店を出店してきた。そのような前例にこだわり過ぎず，(地域研究を行い，出店の波及効果を検証しながら) 比較的小規模でスタートしたTiger 1号店 (Tiger Copenhagen 2012) は，想像以上の売れ行きで品薄となり，臨時休業しなければならない程の集客力をみせた。

ブラジルのホテルチェーンのBlue Tree Hotelsも，「こだわらない力」を発揮し，多様な顧客層を獲得した事例に含まれるだろう。

CEOの青木智栄子氏は6歳でブラジルに移住し，企業名のブルーツリーは彼女の名字に由来する。48歳でホテル事業に参入し，1990年代初めには，ブラジルではまだ珍しかった (中間層向けのホテルとして) ビジネスホテル事業で成功をおさめた。

その後，発想を転換し，政府機能が中心で繁華街などの観光要素が少ないと敬遠されていたブラジルの人工首都ブラジリア (1960年に建設された計

画都市）に 2001 年，高級ホテルのブルーツリーパーク・ブラジリアを築く（Central Trade 2009）。予想どおり世界中の VIP が宿泊し，その都度海外メディアで放映されたため，知名度を上げたことは広く知られている。ブラジルで，最も有名な日系人女性の 1 人といっても過言ではないだろう。

　実は，私も少し前まで「こだわる」という魔力に取り付かれていた。
　職場で「こだわらない」と助言されてから，初めて気付いた。こだわること＝研究（仕事）だと捉え過ぎていたのかもしれない（こだわりと思い込みが，混同し始めていたようにも思う）。習慣というのは，本当に恐ろしい。
　前節で取り上げた 17 歳の青年が始めた家具ビジネスが大きな成長を遂げ，長きにわたり，継続してきた背景には，どのような工夫やリーダーシップがあったのだろうか。
　「品質の良い家具を，より多くの人々に届ける」という IKEA の分かりやすいコンセプト。そのビジョンを共有できる co-workers の採用・教育活動に加えて，独特のガバナンス体制が構築されてきたことも，家具・インテリア用品メーカーでは類を見ないグローバル展開を支えてきた要因である，と言われる。
　これまで，非上場企業である IKEA の経営は，ベールに包まれてきた。
　創業者一族がリーダーを務める 2 つの財団の存在，そして世界中の店舗とフランチャイズ契約を結ぶことで企業方針に一貫性を持たせるコーポレート・ガバナンスの全体像（大竹 2012）が明らかにされた。
　つまり，変動の激しい市場からの資金調達に頼ることなく，ビジョンを受け継いできた珍しい例とも言える。
　コマツを牽引してきた坂根氏（Class 13）によれば，「日本は技術で勝ち，ビジネスで負けてしまうため，リーダーは（各企業に合った）ビジネス・モデルを紡ぐことに注力しなければならない（村上 2012）」と言う。
　ビジネスで負けないため，自社の特性に応じたガバナンスを 1960 年代から模索し続けてきたところが，創業者カンプラード氏の特徴かもしれない。85 歳を迎えた今も，経営を見守るリーダーである。
　長年のあいだに現場が機能不全を起こすような大企業病に陥らなかったのは，リーダーの強い信念と共有するビジョンを守るためであれば，その方法論

には「こだわらない力」も発揮されているからだろう。（これまでのコーポレート・ガバナンスの強化・充実に向け）企業情報を公開し飛び交う憶測を排除する，という同社にとっては新しいリスク・マネジメントに踏み切ったことは，その一例だ。

さらに，アジア諸国への事業展開の足掛かりとして，店舗内での新しいサービスの可能性も模索する。日本の例では，多くのチェーン店の中で初めて，在庫検索・積み込みを手助けするサービスの提供が開始されたそうだ。

昔，「何が分からないかが，分かるような質問をしてくれる？」と同じ教室で勉強していた小学生の男の子に向かって，少々威圧的な質問をする塾の先生がいた。

「分からないことを，分かるように……」と，ナゾナゾみたいな先生の返答を聞き緊張し，紅潮した男の子の顔を見ていると（先生の表情はやさしかったが），私は，子ども心に「なんか，変なことを言う人だな」と感じたのを覚えている。

今思えば，そもそも何が分からないかをきちんと特定できるような状態であれば，学習を通り越して研究と呼ぶにふさわしいレベルに達しているかもしれない。研究でさえ暗中模索の状態となり，何が分かっていて，何が分かっていないかが，頭の中で混乱してしまう場面も多々あるだろう。

人は一度，正解らしきものを自分の中で習得できたと思った瞬間から，それまで何かを模索していた自分の姿と，決別してしまうのかもしれない。それは，発想の幅を失う方向へと舵を切ってしまうことを意味する。

発想の幅には，次につながるヒントが隠れているかもしれないことを，アマゾンのCEO ジェフ・ベゾス氏は，次のように簡潔に述べた。

「人は慣れてしまうから，その不便さに気付かなくなってしまうのです（山川 2012a）」。

就職・転職後，少し時間が経つと，周りの方から「もう，慣れましたか？」と聞かれることが増える。

しかし，起業家・企業家たちの歩んできたキャリア・パスや意思決定の場面を観察していると，職業人としての専門性を高めながらも「慣れてしまわない」

ための，たゆまない努力が溢れ出ているような気がする。

＊＊＊

Class 13
日本の起業家・企業経営者から学ぶ

Q13. 今あなたが考える，社会との共有力を高めている企業・組織のリーダーが有する特徴とは，どのようなものですか？

1. Classic Entrepreneur と Intrapreneur の融合
島精機の「創造力」

　ビジネスモデルの全体像やビジネスが軌道に乗るまでのプロセスなど，事業活動を観察するうえで見逃せないポイントは多岐にわたる。
　それらの要因の中で，私が最も興味を持っているのは（各経営者が）起業に至った理由だ。
　「自分が嫌いな食べ物を，自分でも食べられるように改良したら，きっと多くの人に受け入れられるに違いないと思った」という他者とは違う視点を生かした検証型のようなビジネスもあれば，「当時，まだ誰も始めておらず，儲かりそうだったから」という理由も立派な動機ではある。
　魅力・将来性を感じさせる企業は，創業者のアイデアがビジネスとして成り立つという経済的な側面に加えて「人々の暮らし・社会をより豊かにしたい」という大きな夢や問題意識が，ステークホルダーにも共有されているケースが多いように思う。
　起業家は3つのカテゴリー別に語られることが多い（Class 11）。中には，パイオニアでありながら，Change Agent として CEO に復帰し，同一企業の再生を果たした経営者もいた（Class 12）。
　今回は，Classic Entrepreneur と Intrapreneur を両立してきたハイブリッド型のビジネス・リーダーを取り上げる。
　和歌山に本社を置く，（株）島精機製作所の創業者として知られる島正博氏だ。同社は1962年に設立された工業用編み機メーカーで，島氏が開発した全自動手袋編み機を原点に，コンピュータ制御の横編み機などを次々と社会に送

り出してきた。

「いつか階段が動くようになる」「自動で扉が開くようになる」と島氏は若い頃から，技術によって実現される未来の姿を思い描いていたという（和歌山県 2008）。その想像力・技術力を発揮し，人々の暮らしに変化をもたらしてきたパイオニア精神に共感する人は多い。

同社には（アパレルデザインのシステムやコンピュータ横編機が利用可能な）講習用の施設があり，国内外の技術者に対して専門スタッフによる数週間の研修プログラムを英語・中国語・イタリア語で提供している。技能・技術伝承を通じた人材育成・交流に熱心に取り組み，過去10年で延べ5,000人の希望者を受け入れてきた（島精機 2012b）。

同社製品の中で最も有名な機械は，世界初の「ホールガーメント（Whole Garment）」コンピュータ横編み機だろう（島精機 2011）。

この機械を使えば（成型編みのように）袖・衿・身頃といった各パートを縫製する必要がなく，服全体が立体的にデザインしたとおり横編みされていく。

無縫製のニットウェア（Whole Garment 製品）は，縫いしろのロスがないことや必要最小限の糸が使用されるため，原材料の削減が可能となり省資源の商品とも言われている。

また，従来の流し編み（成型せずに編んだ生地から，服の各パーツを裁断・縫製する製法）では生地の約30%がカットロスとなるが，それらの焼却に伴う CO_2 の発生も Whole Garment の技術によって回避できるそうだ。

「限りなき前進」は同社の経営理念であり，画期的な発明が生み出される背景には，これまでの島氏の柔軟な発想力によるところが大きい。和歌山県（2008）によれば，16歳で「ゴム入り手袋編み機」の特許を取り，18歳の頃には既に複数の特許（音のでない静かな下駄や簡単に緩まないボルトなど）を取得し，今では600以上の特許を持つ。

24歳で起業以来，繊維・アパレル・ファッション産業を牽引する存在として，新しい技術開発に取り組んできた。

「原点に戻って工夫すれば，特許など毎日でもとれる」という島氏のコメントからも，起業家の特徴の一つである「クリエイティビティ（創造力）」が際立っている印象を受ける。

2011年に発表された最新のホールガーメント機では，約30分で一着を完成させることができるそうだ．さらに，消費者ニーズの変化を観察するなかで「感性と技術」の融合（谷 2012）に，いち早く着目し（異なる柄やサイズに柔軟に対応できる）多品種・少量生産型の技術開発に注力したことが功を奏した．
　島精機コンピュータ横編み機の世界シェアはNo1．（島精機 2012a）となり，国内には競合他社が存在しないと言う．現在，米国・英国・イタリア・中国・香港などの現地法人から，世界各地にサービス拠点の拡大が進められている（86ヶ国，126ヶ所）（2012年時点）．
　このように島氏はデザイン・システム分野を代表する企業を率いているが，今でも1人の技術者として，製図台で新しいアイデアに向き合う姿勢は"Intrapreneur" そのものだろう．起業から50周年を迎えた2012年，島氏のこれまでの業績が評価され，米国の繊維歴史博物館に殿堂入りすることが伝えられた．
　また，島精機（2012c）によれば，（グローバル市場で衣類を提供する）横編み機の製造・販売というコア・ビジネスに加えて，地元でレストラン・惣菜店などの飲食事業を展開し，南紀白浜でホテル経営を行う，Classic Entrepreneur としての一面も健在だ．これらはすべて，暮らしを支える「衣食住」というコンセプトでつながっている．

2. Change Agent からのメッセージ

　「大学生活とキャリア形成は，どちらが先だと思いますか？」と，社会人の方から質問されたことがある．
　キョトンとした私の表情を見て，その方は微笑みながら「こんな，どうでも良いことをずっと考えたりしているんですよ」と付け加えられた．
　その時，「どうでも良い，つまらない質問というものはない」という，ある方の言葉を思い出した．なにより，職種や年齢層の違う方々と会話できるのは「異なる視点を知るよい機会だ」ということも頭では理解しているつもりだった．
　ところがそのときは，先の質問の意図に対する違和感を拭えずにいた（直後

に別のキャンパスを訪れる予定が入っており，気が急いていたため私の頭の中が混乱していただけなのかもしれない)。

質問された方の明るく軽やかな口調から，悪意がないことは承知していたが粘り強さに私は圧倒されていたのだ。

理想的には大学生活とキャリア形成の両立なのだろう。いや，どちらが先か後か，という問題ではなく「どちらが先になっても，後になっても主体的に生きていく力を認識できるようなカリキュラム構成・サポート体制」の模索がこのテーマの本質なのでは……というのが私の本心であった。単なる順位づけの問題ではないと思う。

もし，キャリア（形成）が先に来てそれに応じた勉強をしていれば，きっと効率的だろう。しかし，窮地に陥った際にも対処できる知恵が授けられているかは，定かではない。

前節の島社長のように，地元美術館の協議会で培われた教養がその後の事業内容に幅と深みをもたらし，キャリアを築くうえで大きな役割を果たすこともある。協議会メンバーの就任依頼を受けるまで，美術は本職の技術とはかけ離れた分野だと認識されていたと言う。このように，意外な学びが自身のキャリアの方向性を左右する羅針盤となるケースは，後々振り返ってみれば多いのかもしれない。

また，大学卒業後に研究者・高度な専門性を持つ技術者を目指して大学院へ進学する予定であっても，事情により家業を継ぐ・就職するというようにキャリア・パスが劇的に変わるケースも珍しくないと思う。一定のキャリアを積んでから退職または休職し，学問に専念する先輩方にも出会ってきた。

前述の（大学生活とキャリア形成の順序に関する）質問を受けた頃，出会った本が冨山和彦氏の『挫折力』(2011) だった。

実体験に基づく内容で，いかに挫折を慈しみ慌てることなく，将来への力として吸収していくか。すこし肩の力を抜いてキャリアを見つめ直すことができるヒントが詰まっていた。

以前，冨山氏が Change Agent として従事された企業再生の事例を授業で紹介したことがあった。産業再生機構の中心的なメンバー（COO: 最高執行責任

者）を経て，現在は企業再生をサポートする経営コンサルティング会社，経営共創基盤の CEO（最高経営責任者）に着任されている．

人は「挫折」を経験すると内面を見つめなおす傾向が強いが，挫折は外部要因の影響が大きいため，自分を責め過ぎない方がよいそうだ（Class 8：SWOT の T（脅威）に近いと思う）．むしろ挫折を，生き方・心の豊かさを見つめるチャンス（SWOT の O（機会））として前向きに受け止める．そのようなキッカケを与える情報発信の工夫は，教育機関においても今後の課題の一つかもしれない．

研究（分析結果の政策立案への応用等）では，'複数の評価基準・解釈'を比較検討するのは当たり前という認識も広まっているが，人生のさまざまな場面でそれを実践するのは困難な場合が多い．

例えば，多くの学生は挫折を一種の弱点（W（弱み））として真摯に受け止め過ぎ，この W を S（強み）に無理やり変えなければ…という焦りや力みから，苦しみを増大させているように見受けられる．

「挫折」・「プライド」これらの言葉はマイナスのイメージで捉えられ，「あの人たちはプライドが高い」のように，否定的な意味をもつ用法が多用されている．一方，米国ではプライド（誇り）は日常的に良い意味で使われることが多い（「海外 'では' ……」を連呼する人たち，「出羽の守（'では'のかみ）」のようだと，冨山氏に笑われてしまうかもしれないが……）．

「コミュニケーション」も，極端に解釈されかねない言葉の一つだと感じている．

（Class 4 で触れたように）コミュニケーション能力が，いつの間にか「心地よい雰囲気づくり」の道具にすり替わり，美化されたイメージが蔓延しているのはなぜだろう．例えば，倒産する企業のリーダーは意外にも「いい人」が多いという点も，(Change Agent としての実体験を通じた) 冨山氏の貴重な示唆であると思う．彼らは蔓延するコミュニケーション能力でいえば，満点に近いはずだ．「何でもデキルは，何にもデキナイのと一緒」と経営学の先生から教えを受けた．それと同じように，皆から好かれている人（リーダー）は結局，誰からも好かれていない（支援されていない）ということなのだろうか．

コミュニケーションというのは，(一方的な評価基準によって) 心をズタズタに引き裂かれるのを恐れて本心をひた隠し，守りに入る器用さで測られるべきものではないと感じている。
　「面接で，何がダメだったんだろう」と落ち込む学生に出会う。中には，話の間やリズムがうまく取れず，世間で言われるコミュニケーション能力が発揮できずに，「面接で良い雰囲気づくりができなかった…」と反省する人も多いかもしれない。
　しかし，技術職や研究職の採用であれば本来，問題発見能力・創造力など多面的に評価されるものではないだろうか (歌って踊れるエンジニアが職場にいたら素敵だとは思うが，就活がどんどんオーディション化していくことには，疑問を持たずにはいられない)。
　私も以前担当した授業でのアンケートで，もっと「エンターテイメント性」を重視してほしいという要望をもらったことがあり，そのコメントを前に苦笑した (確かに，1セメスター15回講義で100人近い受講生の前で毎回笑いが取れるほど，私のセンスが研ぎ澄まされていないのも事実だと思う。かなりハードルは高いが率直なコメントには感謝している)。
　応募者が苦手意識をもつことに着目するような採用活動ではなく，持続力の結果である学業成績や，それぞれの人物の本質をつかめるような観察方法を見直す時がきているのかもしれない。

　私は学生の頃，考古学や歴史は好きだったが，勉強する意味がよくつかめない時があった。EU 史を担当されていたドイツ人の教授によれば，国際関係学者と歴史学者との大きな違いは，前者は未来予測を立てるが，後者は予測を行わない点だと言う。当時，私はますます混乱した。なぜ，そんな過去の事ばかりを追いかけるのだろう。それが，いったい将来何に役立つのだろうか？と。
　しかし，研究の道に進みはじめてから気付くようになった。人間について，何か普遍的なメッセージを紐解くヒントがあるのかもしれないことに。なぜなら，Change Agents を観察するのは経営学者だけではなく，歴史家を含む多くの人文科学者も，過去の国家レベルでの Change Agents を分析するエキスパートたちだからだ。

そのドイツ人の先生は，試験前の授業で学生から出題構成について質問を受けた際，「私は，多肢選択式の問題（multiple-choice questions）は意味がないと思っています。全部，記述式にします！」と返答されていたことを思い出す。周囲の学生も，これまで慣れ親しんできたフレームワークである選択肢やマッチングの問題が1問も出ないなんて…とがっかりしていた。

　私たちが，状況を改善に導くChange Agentsから学ぶことは多い。その一つのメッセージは，目の前にあるフレームワーク自体に疑問を感じることも，実はコミュニケーション能力だということかもしれない。
　前述した「どちらが先か後か？」のように問題の捉えかた自体が，腑に落ちなかった時のように，（一見，遠回りのように思えるが）さまざまな「当たり前」を再考し，短絡的な判断に身を委ねるまえに，一呼吸おくことも大切なのだろう。

　（株）ワークスアプリケーションズは，日本における「働きがいのある会社」ランキング2012で，Googleに次ぎ2位に選ばれた企業だ（GPTW 2012）。経営の効率化を支援するERP（Enterprise Resource Planning）パッケージ（統合基幹業務システム）を提供している。
　同社では，若手社員にも権限を与え「失敗と挽回」を早期に経験させることで人材を育成していると言う（牧野2012）。Change Agentが重要性を訴える'挫折力'を，日々の実践を通じて高めることを目指す好例だろう。

3. 企業経営者の着眼点
コマツのコミュニケーション改革

　コマツ会長坂根正弘氏も日本を代表する企業経営者に挙げられ，社長就任後，企業の業績を黒字に回復させた経営手腕は広く知られている。
　コマツはグローバルなビジネス展開を行う建設機械メーカーであり，経済発展が目覚ましい新興国において，資源開発用の建機の需要は高まることが予想される。なかでも，環境配慮型の技術を取り入れた建機の開発・提供は同社の

重要な CSV 事業となっていくだろう（Class 6: 4 同業界の事例）。

　坂根氏の構造改革によって見直された慣習の1つが，社内におけるコミュニケーション・スタイルだった。

　村上（2012）によれば，なかなか上がってこない悪いニュースを即座に把握できるコミュニケーション・チャネルを構築した。もし都合の悪い情報が，定期レポートではじめて報告された場合には厳罰が科されると言う。

　さらに，興味深い点は'これまで悪いニュースが上がってこなかった背景・人々の思考パターン'を考慮した制度設計となったことだろう。「1つの報告から連鎖的に発覚する過去の出来事が引き合いに出されるのではないか…」という人々の処罰に対する恐怖心を取り除くため，過去のことは厳罰の対象としないことを明言し，一度すべての情報のフロー健全化に着手すると決めたそうだ。

　（企業経営と規模は異なるが）情報のフローの滞りは，大学の演習型授業を担当していても起こりえる。講義形式とちがって，個人またはグループ研究の論文が最終課題に設定されることは多い。そのため，作業が遅れているグループには声を掛けていたが，メンバー同士では対処できない状態になって初めて相談に訪れ，彼らの研究が滞るに至った事情を打ち明けられるケースは少なくなかった。（学部授業の場合，学内発表会の締切りに論文が間に合うかどうかという問題であるが）企業経営における'情報の非対称性'は，ビジネスの致命傷になりえる。

　起業家・企業経営者のイメージとして，シャープな頭脳の持ち主で精巧な機械のように迅速に判断を下し，効率的な経営を進めていく人たちと思っている学生は多いかもしれない。

　このイメージはけっして間違いではない。しかし，起業家・企業経営者は大多数の人がマイナスだと思い込んでいる言葉や，ものごとの組合せに潜む可能性に着目し，新しい価値を生みだそうとするユメを持った人間味溢れる人たちであるように思う。

　「不確実性を許容できるかどうか」は，起業家の一つの資質であると言われ，そのなかには'矛盾'という（'挫折'のように，悪い印象の言葉と捉えられそうな）キーワードも含まれているのではないだろうか。是正すべき矛盾と，長

期的には良い影響を授けてくれそうな矛盾を感じとることができる'矛盾の識別能力'と言えるかもしれない。

　以前，ソフトバンクCEOの孫正義氏が，現状と未来をテーマにツイートし，話題になっていたものがある。

　「現状を悲観的に問題視して解決案を考え，未来を楽観的に夢抱き戦略を準備。成功の一つのアプローチです（孫2011）」。

　現実の悲観視と未来の楽観視は，一見矛盾するものであるが大きな可能性を感じさせる方針である。

　私が環境経済学の分野を志した当時，周りの方からよく「環境と経済って相反するものじゃないの？」と言われたのを思い出す。今ではCSV企業など多くの組織で，環境配慮型の製品開発が将来のビジネスチャンス拡大につながると認識されている。

　新事業の展開を進めるなかで，多種多様なステークホルダーからの支持を得るには，コミュニケーションの内容がロジカルであることが望ましいのは確かだろう（学生向けの面接対策としても，ロジックに関する書籍も出版され，人気を博しているようだ）。

　企業リーダーは，ロジカルなコミュニケーションで重要なポイントを軽やかに伝え，つい見過ごされてしまいそうな（将来展望につながる）'矛盾と不確実性'を真摯に受け止めることで，「本質を見失わない姿勢」を保つ。

> "We should treat all the trivial things of life seriously, and all the serious things of life with sincere and studied triviality."
>
> ——Oscar Wilde

　この要約として，"Take serious things lightly, and light things seriously."「重いことをさらりと軽く受け止め，軽いことをズッシリと重く受け止める」という一見矛盾したフレーズがあるが，起業家精神を集約した言葉のようにも私は感じている。

Class 14
労働・教育・環境分野のインセンティブ

  Q14. インセンティブと逆インセンティブとは？
    ・さまざまな情報をもとに，企業や自治体等におけるインセンティブの活用例を探してみましょう

1. インセンティブ・プログラムについて

 「私は，多肢選択式の問題（multiple-choice questions）は意味がないと思っています。全部，記述式（小論文）の試験にします！」と回答した歴史学者のエピソード（Class 13）には続きがある。
 落胆する学生をみて「そのかわり，これまでのノートや資料は何でも持参していいですよ」という option（任意の選択肢）が与えられていたのだ。私たちは，少しホッとした。
 しかしテスト当日は，カバンに無造作に詰め込んできた資料を広げることができるようなデスクスペースも，時間的余裕もなかった。
 小論文を提出して教室を出ようとする私に，先生から「テストはどうでしたか？」と尋ねられ，「時間が足りずすべての資料をうまく使いこなすことはできませんでした」と答えると，先生は「ええ，そういうものなんですよ」と微笑んでいた。いささか呆気にとられた私の表情を見て「一番重んじる点はオリジナリティですからね」と付け加え，正解は1つではないから大丈夫！と言わんばかりの満面の笑みを浮かべていた。
 今思えば，先生が伝えようとしていた'オリジナリティ'というのは，日頃の学習のなかで（扱うテーマとの関係性が明確ではない事柄も含め）自分なりに内容を比較しながら，「探求力・創造力を鍛えなさい」という励ましの言葉だったのだろうか。（学部生対象の授業であったにもかかわらず）教室の外でも少しおちついて考える時間を確保しているかがオリジナリティの鍵だと，（大学院生に対する）研究指導のようなメッセージを発信されていたのかもしれない。

その時は，せっかく与えられていた option を十分に生かせなかったことが悔しかった。冷静になってみれば，インデックスカードに要点をまとめる・マインドマップのようにひと目で物事の関連性が把握できるような絵をかいておく等，自分の力を最大限に小論文試験で発揮する工夫はできたはずだ。あの option には，持参資料の創意工夫・勉強に対する姿勢・時間の使い方を身に付けてほしいという意図が含まれていたのだろう。

　もし，1回目の授業で「ノートなどの資料を持ち込み可のテストにします」と受講生たちに（有効活用のヒントも合わせて）告げられれば，単位取得に向けてより多くの学生が授業に出席し，日頃から良い資料の作成を心掛けるようになるのかもしれない。

　代替案としては，'任意の'宿題（optional assignments）を何回か課すことも考えられる。そして，このような日常の取り組みと試験結果を総合的に評価することを伝えれば（特に，分野への苦手意識を持つ学生の間で）学習意欲は増すだろう。

　もしくは「中間試験を受験後，'任意の'宿題で全5回 A を取れば，'期末試験は免除'」という方針になれば，学生が懸命に取り組む1つの'インセンティブ（外部からはたらきかける誘因）'となりえる。

　各種インセンティブ・プログラムは，組織・人々のやる気（モチベーション）を高めるうえで重要な役割を果たす。

　通常，インセンティブ・プログラムは，金銭的報酬が関わる制度を指すことが多い。しかし，非金銭的報酬（例：表彰制度など）も'働きがい'を求める人々の行動に働きかけるもので，インセンティブ・プログラムに含まれる。

　金銭的報酬を用いたインセンティブ供与として知られているのは，ストック・オプションだろう。例えば，スターバックスのストック・オプション制度（Class 12）では，（週に一定時間以上働く）パートタイマーが長い期間，勤務するインセンティブになると同時に，ビジネス・パートナーとしての自覚が芽生えるため，現場でのパフォーマンスに良い影響を与えることが期待できる。

　日本の学校で勤務しはじめた当初，何らかの業者が大学生から集めたノート

をもとに，複数の授業内容をそれぞれコンパクトな冊子にまとめ，定期試験の直前に駅前で販売するビジネス（?）があることを知った。

大規模クラスの学期末定期試験は，通常いくつかの教室に分けて実施され，私も1教室の試験監督を割り当てられたことがある。

定期試験を終えた学生たちが退出しガランとなった教室で，傘などの忘れ物チェックをしていたとき，床に落ちている一冊の資料に目が留まった。私の担当科目ではなかったため，記載内容の正確さの判断はつかなかったが，その冊子の情報量に愕然とする人はきっと多いのではないだろうか（ただし，記述式試験でオリジナリティを出すことには貢献しない……と感じた）。

このように対象となる人々の状況（例：把握している情報量・女性比率の高さ・子育て世代の多さ等）も，インセンティブ・プログラムの設計を考える際に大切なポイントとなる。

次節以降は，職場・教育現場・環境分野で導入されているインセンティブ・プログラム（金銭的報酬・非金銭的報酬）を取り上げたい。

2. 職場・教育現場におけるインセンティブの活用

2-1. 職場におけるインセンティブ・プログラム

職場におけるインセンティブ・プログラムの一例として，「勤務先の近くに住み，通勤時間を短縮させるインセンティブを創出する」取り組みがある。

大阪の中心部に本社を置く（株）コンビーズは，ウェブデザインやメール配信などネットを介したマーケティングの支援業務を担う企業だ。

同社の「ご近所さん，トクトク制度（産経新聞2012）」は自宅が会社に近いほど手当が高くなる制度で，具体的には（会社と自宅の直線距離が）2km以内で3万円・3km以内で2万円・4km以内で1万円が，毎月住宅手当として支給されると言う。

これは，（Class 12：Tiger Copenhagen CEOが述べていたように）東京と比べて大阪は通勤圏がコンパクトという特徴があるため，導入可能な制度だったという見方もできるが，1つのインセンティブの与え方として捉えてみると，

ビジネスの発展と社員のワーク・ライフ・バランスといった長期的な視野に基づいており，興味深い。

お金は働くことで再び取り戻すことはできるが，同じ時間が戻ってくることはない。このように，頭で「時間の希少性」を理解することはあっても，従業員の時間を確保するための制度を打ち出す企業は多くないだろう。

この制度は 2007 年 12 月より導入されており，時間の有効利用を促すきっかけにもなっているようだ（残業が多い業界内で，勤務時間は少ない方だと言う）。マーケティング業務の中で，オリジナリティを発揮するためにも，社員が自宅へ帰る途中に自己研鑽の一環として，書店に立ち寄る時間，職場を離れた場所で少し落ち着いて考える時間を与えることにもつながる。

私も働きはじめてから，時間的余裕がなくなり，手軽に検索・オーダーできるネット書店を利用する頻度が増えた。しかし，できるだけ合間を見つけては，実際の書店にも立ち寄るように心がけている。

（「就職・キャリア支援に役立ちそうな本は？」と急に聞かれることが増えたから……という最近の私の職務に関連する事情もあるが）一番の理由は，実際の書店に入ると書棚の間を歩き回りながら，購入するつもりではなかった分野の書籍にも注意を払うため，さまざまな発見があるように感じることが多いためだ。

前述の住宅手当に関するインセンティブ・プログラムとは異なり，社内で従事する本業にインセンティブを活用している企業もみられる。半導体に関連する精密加工装置の分野で知られる，（株）ディスコだ。通常，ビジネスの規模が拡大するに伴い，社内の合意形成プロセスは複雑になっていく。

社員の共有力を高めつつ，そのプロセスに要する時間を短縮するため，社長の関家一馬氏は，社員の行動様式に働きかけるインセンティブ・プログラム設計として，現場や個人の WILL（意思・願望）を可視化・共有する，内部管理システムを導入した。

同社のインセンティブ活用は，篠原（2012）によれば主に「痛み課金」・「WILL 報奨」・「個人 WILL」の 3 要素で構成されている。

まず，1 つ目の「痛み課金」は，各部門間でのやり取りにおいて商品のキャン

セル・納期の変更・書類が締切りまでに提出できないようなケースがあれば，迷惑料として罰金が科せられるシステムだ。

　それに対して2つ目の「WILL報奨」は，「痛み課金」とは逆のケースを表す。つまり，他の部門に対して貢献度が高い事柄が認められれば，報奨金を与える（恩恵の例として，営業部門が3ヶ月前に製品出荷日を決めること・顧客情報の入力が完了しており，追加の問い合わせが不要なケース等が紹介されている）。

　3つ目の「個人WILL」では（魚市場での競りのように）毎朝，それぞれの社員が担当する（ルーチンワークでは対処できない）非定型の業務を，社内オークションで決定する仕組みだ。具体的には，期日・仕事内容などが書き込まれたいくつものカードが部屋に張り出され，各社員はその難易度・発注価格・自身のスケジュールを踏まえどんどん競り落としていく。それが，「個人WILL」の中では，「収入」と換算される。

　一方，「個人WILL」の「支出」は自身の給与や他者に依頼する業務量等で決まる。例えば，ルーチンワークは固定価格が設定されており，もし書類の処理を依頼すればその分が支出として換算されると言う。

　「個人WILL」の「収益」（＝収入－支出）に応じて，DISCAという社内の仮想通貨が発行され，食堂やジムなど福利厚生にも使うことができる。ただし，このインセンティブ・プログラム（個人WILL）は，一人ひとりの行動に変化をもたらすことを目指しているため，現時点で人事制度とは直結していない。そのため，ゲーム感覚で，収益の上位者が発表されているそうだ。社長が目指すゲーム感覚は，非報酬型の表彰制度に近いかもしれない。

　一連の取り組みの結果，社員の業務スタイルが変化し打ち合わせを効率的に行うようになったため，慢性的な会議室の不足というクレームが消えたと言う。

　また，ディスコでは，法定を超える育児休業制度（子どもが満3歳を迎えるまで社員の性別を問わず取得することが可能）が整備され，休業者のエンパワメント（自己啓発）をサポートする制度も提供されている。

　子どもが8歳に達するまでの期間は「両立支援手当」によって，毎月2万円を受給することができ（篠原，瀬戸，白壁 2012），ワーク・ライフ・バランスを向上させながらキャリア・パスを着実に歩むことができるようインセンティ

ブ・プログラムが随所に組み込まれている。

　従業員の意識・行動に変化をもたらすため，多くの組織で各種インセンティブ・プログラムが考案され続けるだろう。インセンティブ活用の側面から企業を観察すると，商品・サービスの特徴を際立たせる企業文化の一端が見えてくるように思う。

2-2. 生徒・学生のためのインセンティブと逆インセンティブ

　「人のやる気をたかめる」インセンティブ・プログラムに興味を持つようになったのは，政策研究の影響やこれまでの身近な取り組みとも関連しているかもしれない。

　インセンティブの活用が生活の中に組み込まれているのは，（今振り返ると）思いどおりに操られていたようで少し怖い面もあるが，設計された仕掛けとその効果にかぎってみれば，面白くもある。

　例えば，米国の中等教育課程では良い成績をおさめた子どもにはHonor-roll student（優等生）という言葉が入ったバンパーステッカーが配布され，それを貼っている車を見かけることがたびたびあった（これは，勉強で成果を上げた生徒の頑張りを認めるとともに，保護者に対するねぎらい（表彰）の意味も込められていたのではないかと思う）。このような学区レベルのものだけでなく，在住している州の州立大学に入学すれば，他州からの入学者よりも授業料の割引が適用されるケースなど，取り組みの規模はさまざまだ。

　インセンティブ・プログラムは素晴らしい行いや期待以上の成果に対して与えられる賞・報酬を指すが，このインセンティブの反対をディスインセンティブ（逆インセンティブ・抑止力・阻害要因）と呼ぶ。

　逆インセンティブ強化の例として，環境基準に満たない場合の「罰金・未達成企業の公表」といった制度が挙げられるだろう。

　また，学内の治安を守るために逆インセンティブを活用することもある。具体的には，それぞれの生徒に高校で果たすべきことを認識してもらうため，'いじめ・さぼり'など学校生活に支障をきたす要因を阻止する制度だ（前節のデ

ィスコにおける「痛み課金」の感覚に近い）。

　私が通っていた4年制の高校には，約2,000人の生徒が在学していた（米国では，多くの場合6（小学校）・2（中学）・4（高校）年制である）。
　授業中は多くの教室に分散していたため，生徒数の多さを実感することはなかったが，毎日ランチの時間になると全校生徒が廊下にあふれ，食堂へと駆け込むためいつも行列ができていた。
　ようやく座る場所を見つけた私が食事をしていると，大きなゴミ袋をもった5,6人の生徒たちが1人ずつ交代で，数分おきに目の前に現れては「回収してほしいゴミはありませんか？」と尋ねてくる。
　私が，サンドイッチを包んでいた透明のラップや飲み干したジュースのパックを彼らが差し出した大きなゴミ袋の中に入れると，うれしそうに感謝の言葉を述べ，また別のテーブルへと去って行った。
　入学直後は「なんて熱心な生徒なんだろう」と思っていたが，少し経った頃，あのゴミ回収は（学内で勤務するセキュリティ・ガードたちから）ペナルティとして，強制的に割り当てられていることを知った。
　とても広い高校であったが，至る所でセキュリティ・ガードたちが歩いていたのを思い出す。授業開始のベルが鳴っても教室に入らない遅刻者はその場で捕まえられ，交通違反のようなDetention（居残りの罰）のチケットを切られる。
　迷路のような校内で逃げようとしても，トランシーバーで別の場所で待機するセキュリティ・ガードたちに通報され，確保されてしまうだろう。また，授業中トイレに行く際にも先生から直筆のサイン入りメモをもらわなければ，廊下には出られない。その証拠なしに授業中に教室を出てしまえば，同じく違反と見なされる。
　Detentionのチケットを渡された生徒は，ペナルティとして早朝（7:30 a.m.から始まる1限目の前に）学校の外でのゴミ拾い・ランチタイムの食堂でのゴミ回収などの選択肢から，どれかを実行しなければならない。
　ある日，ゴミ集め担当者のなかにウンザリした表情でポツンと食堂にたたずむ男子生徒がいた。すると，次の瞬間，彼は食堂の端に設置されていた巨大な

ゴミ箱を勢いよく逆さまにし，(そのゴミ箱に捨てられていた) ゴミをいっきに自分の袋の中へ入れようとした。あきらかに反則だった。

まさか，セキュリティ・ガードがそのような行動を見逃すわけがなく，遠くから駆け寄ってきて，彼はまた新しい Detention のチケットを切られていた。

チケットを切られる生徒たちを見ていると，当時は少し厳し過ぎる制度のようにも感じていたが，今思えば，大人の目の届かないところで危険物を持ち込むような生徒たちが群がっていないか？生徒同士で激しい喧嘩が起こっていないか？など校内の安全を守るための巡回は，大切な一機能であったと理解するようになった。

このような逆インセンティブによる治安維持を大学進学後に見かけることはなかったが，高校・大学を通じて，さまざまなインセンティブを活用した学習への動機付けは引き続き行われていた。

有名な例として，米国の大学卒業時の成績に応じたランク付けがある (Summa Cum Laude (最優秀)・Magna Cum Laude (極めて優秀)・Cum Laude (優秀))。これは卒業の事実に加え，どのような状態で卒業したのかという本人の継続的な努力の一指標として浸透している。履歴書にも記載するため，進学・就職時にも一定の評価を受ける。

これまで日本の大学で出会ってきた学部生の多くは，仕事に直結する資格取得は一指標になると考える一方で，大学での学業成績は就活では評価されにくいという印象を持つ。

「勉強ばかりしていても，ダメだ」という社会からのメッセージは，就活生なら誰もが聞き飽きているかもしれない (なかには，そのような大人の考えに合わせた発言をして，面接を難なく通過するという学生もいるようだ)。

「勉強ができる人と，仕事ができる人は違う」とコメントされる社会人は確かに多い。本当にそのような考えであればどうして (Class 12 の IKEA のように) 最初から学歴不問で人物重視の採用をしないのだろうか。

このような言葉と行動のギャップに，情報収集力が高くなった学生たちは敏感になってきている。だからこそ，就活での戸惑いも一段と増すのだろう。

従来の「勉強 vs. 仕事」という印象付けは，「一から頑張って，周囲からの社会的評価を高めようとする」'社会的インセンティブ' にはなりえない時代を迎

えているのかもしれない。

　学生が培った能力・養った資質を（中長期的または直接的・間接的に）発揮できるキャリア・パス，そして，組織のリーダー・経験豊富な社会人の方々がいかに未踏の領域を切り拓かれたかについて見聞きできるような場は大切だろう。このような世代・職種を超えた「歩み寄りの姿勢」は，縦横無尽につながりを持つ「学問とキャリア」という異なる視座に学生がふれる機会でもあり，'根拠のない自信（新たな場で自分にも何かできるかもしれない！）'を後押しするインセンティブになりえると思う。

3. 環境分野におけるインセンティブの活用

　以前勤務していた大学内の研究所には，海外からの研究者が滞在しており，研究分野が違っていても，かれらとは昼休みに顔を合わすことが多かった。

　ある日の帰り道，フランスの研究所から来日されていた方と駅近くの当時，新設だった駐輪場前でバッタリ出会い，この新しい駐輪場が隣接する地元のパン屋さんにより経営されていることが話題となった（Class 10で取り上げたような自動駐輪場ではないが，駅の周辺には他にも駐輪場がある）。

　すると，そのフランス人研究者は驚いた表情で「じゃあ，この新しい駐輪場に留めれば，バゲット（フランスパン）がもらえるの？」と，私に問いかけてきた。彼は私に冗談を言ったのではなく，「だったら，なぜ多くの人たちが他の駐輪場ではなく，ここに自転車をとめるの？」と疑問を抱いたのだろう。

　私は，インセンティブを活用した制度設計には関心を持っていたが，この駐輪場のケースでは，営業時間帯・利用価格・利便性の高い立地以外の特徴については考えていなかった。

　駐輪場と連動したパンの提供という，あまりに身近すぎるインセンティブ活用の可能性を見逃していたことが，すこし恥ずかしくもあった。油断していると，人のインセンティブに対する意識は低下し，「あたり前」のレベルが変わってしまうのかもしれない。

　インセンティブを考慮した制度設計が進めば，消費者の意識・行動にも影響を与え，環境政策がより効果的に浸透していく可能性は高まっていく。

環境先進国として知られるドイツの例として，オッフェンバッハ市では，公共交通・自転車・カーシェアリングの利用を統合する「ジョブ・チケット（公共交通用の通勤定期券）（Climate Alliance 2008）」の制度が2008年より開始された。

車の利用を減らしCO_2排出・騒音の削減に資する取り組みであり，この定期券が特徴的なのは，エコ電気の利用に関するオプションを組み合わせることで，インセンティブを生み出した点と言える。具体的にはジョブ・チケットの持ち主は，市の公社が提供するエコ電力を購入する際，割引価格（通常の電力料金と同価格）が適用されると言う。

同じくドイツのフライブルク市では，地下水保護を目的とした「分割下水料金システム（今泉2003）」が導入されており，敷地が芝生・砂利・浸透性敷石かによって，料金の割引率が異なる。

例えば，雨水が地中にしみ込むよう敷地を芝生にし，屋根を緑化すれば，その面積分の下水料金が安くなるというインセンティブを生む仕組みだ。多くの家庭で「環境に良いことをすれば，経済的にも得」という認識を広めることに役立つ施策と言える。

このように，一般消費者の環境行動に影響を与えるインセンティブ・プログラム（例：還元策など）が，国内の環境政策にも求められていくだろう。

低炭素社会を構築する環境政策のキーワードは，「創エネ，蓄エネ」と「エネルギー・マネジメント」であると言われている。

前者は太陽電池に代表される新たなエネルギー源を創出し，それを蓄える技術政策を指す。たとえ素晴らしい技術の種があっても，それらを引き出す制度や政策の有無によって，技術を進歩させることも鈍化させてしまうことも考えられる。

そのため，今後は後者の「エネルギー・マネジメント」に関するインセンティブ設計も必要となっていくだろう。このような環境技術に関連する「支援策と還元策の両立」の長期的な目標には，環境配慮型の街づくり推進だけでなく，（欧米諸国と比較し，規模が小さい）日本のSRI（社会的責任投資）市場の活性化も含まれる。

夏休み明けの授業で,「留学先の授業では,先生のビジネス体験談ばかりで,今の業界のことをもっと教えてほしかった」と,短期留学プログラムから帰国した学部生が,感想を話してくれた(「個人の体験談」は,何にも代えがたい貴重な情報だと,私は思ったが……)。

このように,人によって望む情報は異なるため,さまざまな場面での効果的なインセンティブ設計は複雑に絡まった糸を解くような感覚に近い。だからこそ,独自性を生み出す力にもなるのだろう。

(私の知人にも共通しているようであるが)大学を卒業してから覚えていることは,意外にも先生の何気ないたとえ話であったり,テーマに関する個人的な感想というものが多かったりする。

また,人生の岐路に立ったときに考えたことを,授業の最終回で私たちに教えてくださった先生もいた。学生の頃には特別な内容とは感じられないかもしれないが,いつか振り返ったときのキャリア形成のヒントに(意外なカタチで)出あうことも大学で学ぶインセンティブだと,身をもって伝えようとされていた先生方の姿勢を思い出す。

私が,留学中はじめて履修したミクロ経済学の第1回授業で,米国人の教授が大勢の学生に向かって「成績なんてさほど気にしない,という人は多いかもしれません。でも,成績を気にしないという学生は,お金のことを気にしないビジネス・パーソンと同じだということも,覚えておいたほうが良いでしょう」と端的な比較で,私たちの意識を高めようとされた。

その先生は引き続き,コメントされていた:「勉強は,Interesting(興味深い)かもしれないが,おそらく,いつも Fun(楽しい)とは言えないでしょう」と。これは勉強に限らず,研究を含む多くの仕事にも共通することだと思う。

まったく役に立ちそうにないと感じることにも,大きな可能性が秘められていることは少なくない。一人ひとりが自分らしい将来のキャリアを築く礎となるようなキャンパス・ライフを多面的にサポートできればと願っている。

＊＊＊

Appendix
中小企業（SMEs）における CSV 経営

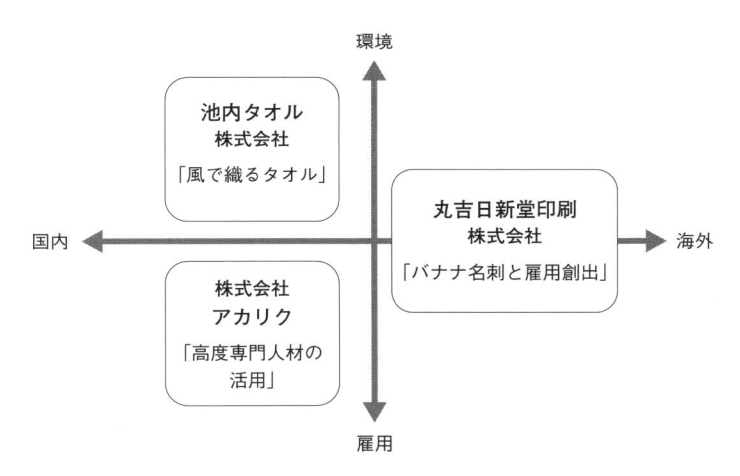

図A　中小企業3社における CSV 経営の特徴
出典：筆者作成

1. エコ名刺で海外の雇用創出

丸吉日新堂印刷（株）

　名刺交換は，初対面でのコミュニケーション・ツールと捉えられている。
　「教員は，ビジネス・マナーがなってない！」と，名刺交換のマズさを引き合いに出されることが多いと聞く。
　おそらく大企業で勤務されている方にとっては，名刺は'所属先から配布されるもの'であり，自ら創意工夫するものという感覚は希薄かもしれない。しかし，学校に勤めていると，（その規模にかかわらず）通常，名刺は大学生協な

どでオーダーするか，自作することになっている。以前お会いした大手金融機関ご出身の教員も，「えっ，自分で手配しなきゃいけないんだぁ……」と驚かれていた（きっと，気長に待ちつづけていたのだと思う）。なかには「論文が私の名刺代わりだから，名刺はもってないんですよ」と微笑む数学の先生もいた。

　ある時，学校関係者から'PETボトル再生紙で作ったエコ名刺'をいただいたことがある。手にとった瞬間，その美しさに見入ってしまった（しばらくの間，その名刺素材のことで話が盛り上がったように記憶している）。

　このようにひと工夫された名刺に時々遭遇したり，エピソードを聞くと，その方の人柄を垣間見ることができるようで面白い。例えば，「名刺の表面には名前のみ，裏面には'仲良くなったら連絡先の詳細をお教えします'」という一見無愛想だが，ユーモラスな自己紹介もあると言う。

　1982年に設立された丸吉日新堂印刷株式会社は，北海道に本社を置く，従業員7名のエコ名刺などを扱う印刷会社だ。エコ名刺というと，先のPETボトルや牛乳パックの再利用を思い浮かべることが増えたが，同社ではそれらに加えて，間伐材の利用やバナナの茎の繊維をもとにしたバナナペーパーで作成された名刺も提供している。丸吉日新堂印刷（2013）によれば，エコ名刺の購入リピート率は87.5％と高く，2012年10月までに33,000名分を作成，エコ名刺業界ではNo.1を誇ると言う。

　Class 11で紹介したように，起業家・中小企業（SMEs：small and medium-sized enterprises）の社会的貢献の1つとして，大企業へのサプライヤーとしての役割がある。名刺のサプライヤーであったことを契機に，海外の雇用を生む事業へと発展させたことは，同社社長，阿部氏のパイオニア・スピリットだろう。

　日本SMEs発のさまざまな製品は，海外の専門職従事者らに愛用されている。さらには，商品の輸出にとどまらず，'ガゼル企業（極めて高い成長力・雇用創出能力がある企業を指し，俊足の動物Gazelleに由来する）'となり，国内の雇用拡大後に海外での雇用を生むというケースも考えられる。

　丸吉日新堂印刷は，成長を遂げている企業だ。現在の国内における雇用創出力という点ではガゼル企業ではないかもしれないが，アフリカのザンビア共和

国で，直接雇用創出を実現している多大な功績はこの SME の CSV 経営の特徴と言えるだろう。

　WHO（2012）によれば，ザンビアの平均寿命は 48 歳だ。

　ザンビアの村では男性が 1 日に 1 ドル稼ぐのがやっとの状態で，また，働いた経験のない女性たちが多かったが，今では同社のバナナペーパーの製造という雇用創出により，1 日 3 ドル稼ぐことが可能になったと言う。

　'伐採後は捨てられていたバナナの茎を利用する' という広域的なまちづくりへの波及効果が期待できる資源の有効活用を推進していること，さらには，潜在的な労働者への啓発活動にもつながっており，（サステナビリティ以上に）発展可能性が期待できる貢献度の高い取り組みである。これは，日本の中小企業による代表的な CSV 事例と言えるのではないだろうか。

　'（違法伐採の防止に資する）再生紙の流通システムづくり' は，Class 10 で紹介した明和製紙原料株式会社とも共通する取り組みである。当該企業も，明和製紙原料（2008）によれば社員数 68 名の SME で，出張授業による環境教育活動への評価が高い事例であった。両社は共通する目標を持ちつつ，手法面でそれぞれのオリジナリティを発揮している中小企業だろう。

　Class 11 で CSV 事業というのは，「その企業が持つ 'コミュニケーション能力' と '起業家精神' が凝縮されたもの」と言っても過言ではないと述べたが，まさに丸吉日新堂印刷の「バナナ名刺と雇用創出」はこれを体現するもののように感じられる。

　私は，書類を束ねる黒い綴りひも（PET ボトル再生繊維）をよく使うが，これまで廃棄されてきたバナナの繊維を用いたエコ商品は聞いたことがなかった。

　利用価値がないと思われていたものに，商品素材としての価値を見出し，'海外の生産者の見える化' という付加価値をも増大させることに成功している。多少割高な価格設定になってもリピーター客が途切れず，経営理念に賛同するステークホルダーの輪が国内外で広がり続けるのは，（事業者規模を問わず）CSV 経営戦略の根幹と言えよう。

2. 風で織るタオル

池内タオル（株）

　四国に，（前節の阿部氏と同じく2代目経営者として）環境ビジネスとコミュニティの活性化に貢献するSMEがある。1953年に創業された池内タオル株式会社だ（池内 2008）。

　"風で織るタオル"というファクトリー・ブランド名の方が，消費者に馴染み深いかもしれない。従業員数30名，売上高は約6億円（2013年時点）で，同社の本社がある愛媛県の今治市は日本有数のタオル産地として知られている。

　日本から海外に羽ばたく環境ブランドとして成長するためには，格付け評価で高いランクに位置することは有効な手段に含まれるだろう。

　例えば，木材の流通および加工プロセスを評価するFSC認証もその1つだ（FSCはForest Stewardship Councilの略で，国際機関である森林管理協議会を指す）。

　三重県を拠点とする速水林業も，適切な森林管理によって地すべりなどの被害を軽減する「（Class 9で取り上げた）環境の適応策」への貢献，そして，国内でいち早くグローバルスタンダードであるFSC森林認証を取得することによって，商品のブランド価値を高め，海外の顧客との距離を縮めることに成功した事例である（近藤 2011）。

　同様に池内タオルも，1999年には業界初のISO14001認証を取得し，翌年，業界初のISO9001に認定された。2002年からは「グリーン電力証書システム」を用いて，100%風力発電で工場を稼働させており，これは日本初の試みである。

　このような環境経営プロセスに加えて，オーガニックコットンを利用した柔らかさと高級感を持つ製品にこだわりつづけ，米国で開催された国際的なテキスタイル・ショーでは複数の高評価を受けた。

　また，同社のオーガニック製品は，最終商品の安全性を評価するスイスの機関エコテックスより，（「乳幼児が口に含んでも安全（池内タオル 2013）」という）最も厳格な基準 'Oeko-Tex Standard 100: Product Class 1' を満たしている。

　日本のタオル産業は輸入製品のシェアが拡大しており，同社もOEM

(Original Equipment Manufacturer：他社ブランド製品の委託製造）契約に依存しつつあったが，経営改革が功を奏し，自社ブランドは進化しつづけてきた。特徴的なのは，輸入製品と競争できるような低コストの追求とは一線を画し，CSV 理論の1要素であるバリューチェーンの見直しを行い，長年培ってきた業務実績・人的ネットワークに環境経営の手法を組み込むことで，地域産業基盤の強化とタオル製品の高品質化を目指した点だろう。

　Class 4 で取り上げた Timberland 社の環境指標のように，「100%グリーン電力で織るタオルという付加価値」と「バリューチェーンを通じた環境負荷の低減」が，結果的として，一時的なサプライチェーンの寸断（連鎖倒産の危機）を乗り越える強さとなり，環境ビジネスのさらなる発展に寄与した例と言える。

3. 高度専門人材の活躍の場を広げる SME

（株）アカリク

　大型書店の中をくねくね歩き回っていると，さまざまな試験やゲームの攻略本，スマートフォンのアプリなどの取り扱い説明書，いわゆる「トリセツ本」の種類の豊富さに気付く。学生には，英文法などを扱った語学のトリセツ・シリーズも人気があるようだ。しかし，(多くの方に取り扱いが難しいと誤解されてしまっているにもかかわらず）これまで「博士号取得者のトリセツ」らしきものに私は出会ったことがなかった。

　この'ありそうでなかったサービス'の1つが，高度専門人材に特化した採用コンサルティング・サービスではないだろうか。

　2002 年に設立された株式会社アカリク（Academic & Recruiting）は，特に理系高度人材のマッチングに強みを持つ企業だ（アカリク 2013）。同社では，大学院生やポスドク（postdoctoral fellows; postdocs）と呼ばれる博士研究員を対象とした，求人サイトの運営や就活ガイドブック（アカリク 2010）の刊行，また，学内でのセミナー開催等を通じて就職支援を行う。ただし，院生の就職支援というノウハウの伝授だけではない。事業のキーワードは，「知恵の流通の最適化」だと言う。

　つまり，CSV 経営としての貢献は，高度人材の'コア能力'を客観視させる

取り組みと並行して,「今,どのような強みを持った高度人材がいるのか」について,豊富な情報を企業側と共有し,人材の多様化を促すところにある。これはジョブのミスマッチ解消に加えて,俯瞰的・国際的な視野を持った社会システムの構築へと結び付くのではないだろうか。

もし,大学院の研究活動で培う能力(課題設定力,データ分析力,論理的思考力など)への理解が広まれば,国内で,院修了者のキャリア形成がより円滑に進むと同時に,多様なキャリア・パスの可能性は留学生にとっても魅力的に映るはずだ。

国内の雇用問題が深刻化するなかで,留学生の支援を考えるのは順序が異なるのでは……という見方をされるかもしれない。しかし,「人が集まらなくなるのは,(その産業)衰退への第一歩だ」とよく言われる。

以前,(人材部ではなく)'人財部'と書かれた名刺をいただいたことがあった。まさに国内外の高度人材が,一人材から'人財'への成長を実感できるような学び・働く場の拡大が,イノベーションの創出には大切な要素である。

「いずれ帰国することを感じさせる答えだったから……」という理由で院卒留学生の採用が見送られたという話を聞いたことがある。それも,ひとつの見解かもしれないが,ビジネスパートナーを増やしていくという長期的な視点は必要だと思う。

特にCSV事業を海外において共同で行う場合,現地の高度人材とのネットワークは不可欠である(これは研究活動においても共通する部分があるらしく,近年インターネット上で学術論文等の入手が容易になったとは言え,現地でのコンタクトがなければ途上国の場合,入ることすらできないような場所もあるようだ)。

せっかくやる気に溢れた優秀な留学生が日本に学びにきて,いつか国際社会で活躍したいと願っていても,(嫌われることを避けて,日本にずっと残ります……と)本心を言えずに就職面接を受けることを求められる環境は望ましくないように感じている。

数年前,担当した水資源に関する授業で,海洋資源を1テーマとして扱った際,魚の流通経路について紹介したことがあった。

私たち消費者は美味しいものを食べたいと望んではいるものの,結局のとこ

ろ見慣れており，かつ調理方法を知っている魚を選ぶため，仲卸業者（PARC 2008）によれば，（いろいろな種類が獲れても）スーパーの店頭に並ぶ魚の種類は一向に増えない。

（最近は，珍しい魚を消費者に提供する動きも徐々に広がっているらしく）このように，新種と調理方法の説明をセットで提供していく工夫が必要のようだ。

そして，これら見慣れない調理しづらそうな魚たちが，おそらく高度人材に対する社会からの冷ややかな視線なのかもしれない…と思う。

博士活用（ポスドク問題）は，日本の一社会問題として新聞などで伝えられるようになった。京都市など一部自治体では，博士号取得者らを対象に教員免許の所有を問わず，（高校を含む）教員職に応募できる制度もみられるが，（ポスドク問題改善に向けた）高度人材へのキャリア・パス開拓は，いまだ限定的と言わざるをえない。

Class 6 で取り上げた，（文理融合型の）学際的な教育・研究の成果が発揮できる場の開拓の糸口となるような取り組みに，今後も注目していきたいと考えている。

4. 世界に羽ばたく日本の中小企業（SMEs）

日本には約 420 万社の中小企業（SMEs）があり，METI（2012）によれば実に，全企業数の 99.7%を占める。

また，世界の至るところで日本の SMEs による技術や商品が用いられており，例えば，小さい頃に水族館などで手に取ったことがあるかもしれないフィギュア模型は，その精巧さが高く評価され，ロンドンにある大英博物館のショップでも売られている（Kondo 2013）。

上記で紹介した 3 社はいずれも SMEs だ（図 A）。CSV のような壮大な経営戦略のテーマから思い浮かぶのは大手企業ばかりかもしれないが，必ずしもそうとは限らない。

さまざまな CSR/CSV 事例をみていると，異なる事業者規模・多様な雇用形態をもつあらゆる組織に，質的転換を図るチャンスは秘められているのだと実

感させられる。

　京都では，機械金属関連のSMEsが協働することで，スピードと柔軟性をあわせもつ'モノづくり産業クラスター'形成の試みが進む。それが，「京都試作ネット」と呼ばれる2001年設立の企業連合だ。彼らのプライオリティはコスト競争力ではなく（この点は，2節の池内タオル（株）の事例とも共通しており），特に開発の初期段階のニーズ「顧客の思いを素早く形に変える」ことを重視している。毎月100件以上の試作品づくりを目指す。「試作？　そうだ京都に頼もう」をキャッチコピーに，国内外の企業から，（機械・樹脂加工など）試作品の製造を受注し，京都の新しい産業創出として「試作加工集積地」の実現・雇用の拡大という長期目標を掲げる。

　Class 11で紹介した新リーダー像のように，'背後から'産業を牽引すると言っても過言ではないだろう。京都試作ネット（2013）によればメンバー企業は25社で，詳細な設計図の有無を問わず，構想の概念図をもとにした試作ソリューションの提供も可能だと言う。それが，社会での存在感を増すことにもつながっているようだ。

　以前，学外で開催されたキャリア支援に関する研修会に参加した時，（前年度の研修参加者の数名の方が）サポーターとして出席されており，ご挨拶があった。その中のお一人は，「よしっ，学んだことを業務に取り入れよう！」と数日間の研修を終え，意気揚々と会場を後にしたものの，職場に帰ると自分の机に山積みの書類があり，それを見たとたんスッカリ現実の世界へと引き戻されてしまったそうだ。

　このように「やりがいを感じながら，仕事をしたい」と思っている人は，多いかもしれない。しかし実際には，おびただしい数の情報処理に追われ，やりがいや貢献など考える余裕さえないケースは，珍しくない。

　「京都試作ネット」の取り組みは，一人ひとりの強みが発揮できる仕事を，適切なタイミングで担当できるシステムづくりという点で，（Class 14で取り上げた）(株)ディスコにおける社内オークションと連動する「個人WILL」の制度と近い印象を抱く。

通常，事業規模が大きくなるにつれ（定例会議等で諮られることが増えるため）合意形成のプロセスは複雑になっていく。一方，京都試作ネットでは見積もりを含む各種問い合わせには，営業時間内2時間で返答するように心掛けていると言う。斬新な発想から芽吹いたばかりのアイデアを，大きな組織の中で埋没させぬよう，連合メンバーの強みである「高い技術力とスピード」によって，依頼主とSMEのマッチングの効率化にコミュニティが総力をあげて取り組む点が際立っている。
　「何がほしいですか？　どういったものがあればよいと思いますか？」と，突然誰かに尋ねられても，明確に自分が何を欲しているかについて相手に説明するのは難しいこともある。ところが，現物を目にして初めて「あー，私はこういうものがほしかったんだ！」と，気付かされることは少なくない。
　この気付きのステップまで，他者を導くことができれば「もっと，このように工夫すればよいのでは……」といった具体的な提案が，増していくはずだ。
　CSVでは，ひ弱な芽を油断することなく大切にし，果実がたわわに実る空間を生み出すコミュニケーションのあり方を探求することが求められる。
　従業員・消費者を含むさまざまなステークホルダーの視野を広げ，視座を高めるキッカケを与えてくれる試作展示品は，まさに私たちの目を見開くeye-openerであり，初対面の名刺交換時の印象深さに匹敵する貴重なコミュニケーション・ツールであることは間違いないだろう。

　バナナペーパーで作成されたエコ名刺の事例を知った時，私が大学院生の頃に履修した女性労働と経済学領域の科目のことを思い出した。
　約10年の歳月が流れ，あの授業をご担当されていた先生と偶然会議でお会いし，そして私に数冊の著書をお送りくださった。ページをめくると，著者の紹介欄には，次の言葉が添えられていた。
　「仕事を磨くことができれば，仕事があなたを磨いてくれます（阿部，松繁 2010)」と。
　一見ささいに思える日々の仕事への心掛けによって，国内外の人々に貢献するSMEsの成功物語に触れ，あの言葉がもつ強さと深みを教わったような気がした。

結びにかえて

マジックEと語尾の変化

「Magic E」という文法の1ルールがある。

それは，単語の最後にEが付くと（固有名詞などの特殊なケースを除いて）単語の中に含まれている5つの母音の読み方に，変化が生じるというものだ。例えば，SIT（座る）とSITE（場所）という単語には，Iという母音が入っている。前者を音読すると，Iが「イ」（発音記号［si't］）という通常の発音のままであるが，その単語の最後にEが入ることで，後者はIが「アイ」（発音記号［sa'it］）という読み方に変わってしまったことに気付く。そのため，Magic Eと呼ばれている。

Magic Eは，おそらく私が最初に学んだ英文法だと思う（昔，誰かにもらった子ども向けの本に載っていたのを，ぼんやりと覚えている）。

アルファベットの数はひらがなよりも少ないので，英語の方が日本語より簡単だ!?と教えてくれた大人がいたが，はじめてMagic Eを知った時，1文字のアルファベットでいくつもの音を出せるのであれば，結局どの言葉も難しいと分かり少しがっかりした。

日本語も，「〜します。」や「〜しません。」のように語尾まで聞き取らなければ，YesかNoなのかが判別できない。そのため，多くの留学生にとって，長い日本語の文章はクネクネとねじれているように感じるそうだ。

ヒトは新しい言語に出会うとワクワク感と困惑を覚える。そして自身の理解に役立ちそうな分かりやすい特徴・母国語との違いを探そうとするクセがあるのだろう。

今回のテーマであるCSRからCSVへの流れも，語尾がRからVへと変わっただけで，何が違うのか。多くの方に，最初はつかみどころのない印象を与えてしまうかもしれない。

私が本書で伝えようと心がけたのは，「CSRとCSVの共進化への取り組み

は単なる流行ではなく，日々の'仕事'という単語を，一人ひとりの'キャリア'という色彩ゆたかな言語へと昇華させていくプロセスでもある」ということだった。多様な視座の共有によって，一見無機質な理論も人々が日常を豊かに生きる智恵へと変化していくように思う。

CSR報告の制度化に向けた国際的な議論が進むなか，それが義務化された場合の対策として，「CSR・CSV報告書の改定を始めようか？」それとも「現状維持しながら様子を見守ろうか？」という選択肢に直面している広報担当の方は多いかもしれない。

たしかに，制度化の可能性は，情報開示のスタイルを見直す契機となる。しかし，義務化への対応ではなく，各組織が社会とのコミュニケーション・デザインを主体的に構築していかなければ，漠然としたCSRのイメージから脱却するのは難しい。CSR・CSVという文法で紡がれた企業からの力強いメッセージを，国内外のステークホルダーへ発信する姿勢がより一層求められていくだろう。

キャリアと言語

米国の高校に通っていた頃，日本語を勉強中だった同級生から，文章をチェックしてほしいと頼まれたことがあった。差し出された紙には一面にぎっしりと，ひらがなが並んでいた。句読点や段落分けがなく，どこからどこまでが1つの文章なのかが不明だった。

キャリアが'言語'のようだと感じたのは，（空間や句読点のように）読み手が一呼吸置いて考えることができる「'無の時間'も全体のスムーズな流れの形成に一役買っている」というキャリアと言語に共通する点があるからかもしれない。

例えば，（多様就業型・緊急対応型）ワークシェアリングの導入に伴う一時的な労働時間の短縮や，（体調不良による）充電期間など，いままで慣れ親しんできた'時間資源'の使い方が大きく変わる局面も想定される。このように，社会との直接的な接点が'無に近い（と錯覚しやすい）状態'を迎えてもその経験こそ成長の糧になるはず，と'発想を転換するキッカケ'づくりもキャリア

形成教育の一環ではないか……と捉えるようになった。

　「キャリアを考える〜」のようなフレーズを広告等で目にすると，どこか堅苦しくて，バリバリ働く人たちだけを対象とするような誤解を与えかねないものもある。しかし，キャリアを考えるというのは（もっとシンプルに）自身のライフスタイルを「ときどき，第三者の立場から観察するススメ」といった基本的な生活習慣の一部をなすものではないだろうか。

　昔，ある教員採用面接で目の前にズラリと並んだ面接官のおひとりに（当時の）研究テーマを聞かれ，わたしは「国際貿易に体化した，（仮想）水の循環パターンの変化です」と，真剣に答えた。
　すると，その先生から「地球環境学と経済政策を専攻しているのだったら，もっと'人'に関連した研究をしてみるのはどうですか？」と言われ，思わずポカーンとしてしまったことがある。しかし最近ようやく，あの言葉の意味が理解できるようになってきた。
　メッセージを発信しても，時として人の期待に応えられないケースもあるが，その受け手が「いつか振り返った時に，心に響くような情報であるか」という中・長期的な視点もステークホルダーとの「真の対話」には不可欠であり，それこそがいまだ迷走がとまらない「コミュニケーション能力」の高さを教えてくれる，ひとつの大切な指標なのだと受け止めている。

＊＊＊

図表一覧

<Tables>

表 A　　5つの生産要素と各章のつながり　　iii
表 1-1　CSR に対する4つの視点　　9
表 4-1　「環境ブランド調査 2012」（上位 15 社）　　42
表 4-2　CSR 情報の伝達度（環境分野以外）（上位 15 社）　　46
表 5-1　企業の社会的責任（CSR）活動に関する4視点と CSV の特徴　　57
表 5-2　米国における身近な共通価値（社内で共有する価値）の例　　63
表 6-1　CSR から CSV への変遷　　65
表 6-2　「ブルー・オーシャン戦略」の特徴　　66
表 6-3　4つのアクション（The Four Actions Framework）　　67
表 8-1　SWOT 分析の要素例　　87
表 8-2　GS Yuasa の主な SWOT　　88
表 8-3　TOWS マトリックス（クロス SWOT）　　89
表 8-4　IFAS（内部環境要因）Table　　91
表 8-5　EFAS（外部環境要因）Table　　91
表 8-6　SFAS マトリックス　　92
表 10-1　企業メッセージとその取組み　　113

<Figures>

図 2-1　シリコンバレーの 101 号線に出現した看板　　19
図 2-2　マズローの欲求階層説　　20
図 4-1　タニタの事例：社員の意識改革と企業メッセージの発信　　49
図 6-1　建機の電動化による排出削減事業スキーム　　72
図 A　　中小企業3社における CSV 経営の特徴　　163

＊＊＊

参考文献

はじめに
原 隆（2012）働き方の研究「スタートトゥデイ:働くのは6時間だけ」pp.68-71.『日経ビジネス』2012年5月28日号 日経BP.
多田和市（2012）「留職—自社では困難な体験を提供する」p.1.『日経ビジネスonline』2012年10月4日
   http://panasonic.co.jp/citizenship/pivot/
   2012年2月3日参照

PART I　CSR（企業の社会的責任）の変遷

Class 1: CSR (Corporate Social Responsibility) とは
Boone, Louis E., and David L. Kurtz（2006）"Improving Performance through Empowerment, Teamwork, and Communication." p.342 (Ch.10) *Contemporary Business 2006*. John Wiley & Sons, Inc.
Bovee, Courtland L. and J. V. Thill（2008）"Part I. Developing a business mindset Ch2: Ethics and Corporate Social Responsibility." pp.28-55. *Business in Action with Real-Time Updates* 4th Edition, Pearson Prentice Hall.
近藤久美子（2012b）「CSV（共通価値の創造）と経営戦略—日本の労働・環境問題におけるCSVの可能性」大阪大学大学院『国際公共政策研究』第16巻 第2号 2012年3月 pp.43-57.
冨澤龍一（2012）「有訓無訓：枠にはまらない人づくり—デザインに「個性」を学ぶ—　冨澤龍一　三菱ケミカルホールディングス会長」p.106.『日経ビジネス』2012.2.6. 日経BP

Class 2: 労働CSR
Bovee, Courtland L. and J. V. Thill（2008）"Part I. Developing a business mindset Ch2: Ethics and Corporate Social Responsibility." pp.28-55. *Business in Action with Real-Time Updates*. 4th Edition, Pearson Prentice Hall.
J-cast ニュース（2011）「露骨な学歴差別なのか」2011.7.20.
   http://www.j-cast.com/2011/07/20101639.html?p=all
   2012年12月6日参照
近藤久美子（2012b）「CSV（共通価値の創造）と経営戦略—日本の労働・環境問題におけるCSVの可能性」大阪大学大学院『国際公共政策研究』第16巻 第2号 2012年3月 pp.43-57.
紺野 登（2007）「知のプロフェッショナルのための場, ソフトバンクテレコム」2007年4月20日 pp.1-4. 日経BP
   http://www.nikkeibp.co.jp/style/biz/office/070420_1st/index.html
   2012年4月17日参照
内閣府（2011）「第1部　男女共同参画社会の形成の状況　第3章　女性の活躍と経済社会の活性化；第4章　仕事と生活の調和（ワーク・ライフ・バランス）」『男女共同参画白書 平成23年版』pp.65-80.
   http://www.gender.go.jp/whitepaper/h23/zentai/pdf/index.html

2011 年 11 月 7 日参照

日経ビジネス（2011）「敗軍の将，兵を語る：無謀な借り入れで失敗」pp.144-146.『日経ビジネス』2011 年 6 月 20 日 日経BP

OECD（2011）「2000 年代半ばにおける相対的貧困層の国際比較」p.25.『OECD 対日審査報告書 2011 年版概観』2011 年 4 月 pp.1-28.
http://www.oecd.emb-japan.go.jp/Overview%20Japan%202011_JAP.pdf
2011 年 10 月 13 日参照

榊 博文（2007）「なぜ人は思い通りに動かないのか（第 2 回）会議がつまらない─集団浅慮の落とし穴」2007 年 10 月 23 日 p.1.
http://business.nikkeibp.co.jp/article/pba/20071017/137745/?P=1
2013 年 1 月 11 日参照

三幸エステート（2005）「先進オフィス大研究」pp.6-7.『オフィスマーケットⅢ』2005 年 6 月号.
http://www.websanko.com/officeinfo/officemarket/pdf/0506/feature.pdf
2012 年 10 月 29 日参照

篠原 匡，瀬戸久美子，白壁達久（2012）「2012 年版「働きがいのある会社」ベスト 30：働きがいを支える仕組み こんな会社で働きたい」pp.54-57.『日経ビジネス』2012 年 1 月 23 日 日経BP

週刊東洋経済（2011）「人・組織」『週刊東洋経済』第 6336 号 pp.66-68. 2011 年 7 月 9 日 東洋経済新報社

山下洋一（2004）「コラム：シリコンバレー 101 Google の一行広告に込められた厳しいメッセージ」『マイコミジャーナル』2004 年 7 月 27 日
http://journal.mycom.co.jp/column/svalley/091/index.html
2011 年 10 月 9 日参照

安田佳生（2012）『私，社長ではなくなりました。ワイキューブとの 7435 日』プレジデント社 2012 年 3 月 1 日 pp.136-141.

Class 3: 環境問題とCSR

Allan, J. A. (1998) "Virtual Water: An Essential Element in Stabilizing the Political Economies of the Middle East." *Yale University Forestry & Environmental Studies Bulletin*, No.103: pp.141-149.

アサヒビール（2009）プレスリリース（2009 年 6 月 26 日）：アサヒスーパードライ「うまい！を明日へ！」プロジェクト
http://www.asahibeer.co.jp/news/2009/sd/re_kagoshima.html
2012 年 7 月 10 日参照

Cause Marketing Japan（2010）「アメリカン・エキスプレスのコーズマーケティング」
http://causemarketing.jp/amex.htm
2012 年 12 月 6 日参照

コスモ石油（2012）「コスモ石油エコカード基金」
http://www.cosmo-oil.co.jp/kankyo/eco/
2012 年 7 月 10 日参照

Fadlelmawla, A. and M. Al-Otaibi (2005) "Analysis of the Water Resources Status in Kuwait." *Water Resources Management* 19, pp.555-570.

平松さわみ（2012）「大企業が続々参入 植物工場は儲かるか」『東洋経済オンライン』2012 年 7 月 6 日
http://toyokeizai.net/articles/-/9467

2012 年 12 月 7 日参照
IAE（2009）「エネルギーとエクセルギー」2009 年 7 月 7 日 財団法人 エネルギー総合工学研究所（IAE）
http://www.iae.or.jp/energyinfo/energydata/data7019.html
2012 年 12 月 7 日参照
ISO（2010）*ISO-Survey 2010*
http://www.iso.org/iso/iso-survey2010.pdf
Accessed December 7, 2012.
Japan Water Forum（2012）「地球上の水問題」日本水フォーラム
http://www.waterforum.jp/jp/resources/pages/global_water_issues.php
2012 年 4 月 23 日参照
経済産業省（2012）「工業用水」地域経済産業グループ　産業施設課　2012 年 3 月 1 日
http://www.meti.go.jp/policy/local_economy/kougyouyousui/index.html
2012 年 4 月 20 日参照
Kondo, Kumiko（2005）"Economic Analysis of Water Resources in Japan--Using Factor Decomposition Analysis based on Input-Output Tables." *Environmental Economics and Policy Studies* 7(2): pp.109-129, July, 2005.
Kondo, Kumiko（2009）"Energy and Exergy Utilization Efficiencies in the Japanese Residential/Commercial Sectors" *Energy Policy* 37: pp.3475-3483. September, 2009.
近藤久美子（2011）「第 5 章　現代社会と企業経営 1. 環境マネジメント」pp.101-106.『マネジメント論』ナカニシヤ出版 2011 年 6 月
李　賢映, 上野貴弘, 杉山大志（監修）（2011）『失敗した環境援助—温暖化対策と経済発展の両立を探る』pp.86-97. エネルギーフォーラム
nepia（2012）「nepia 千のトイレプロジェクト」
http://1000toilets.com/about/index.html
2012 年 7 月 10 日参照
http://1000toilets.com/about/history.html#archive_wrap
2012 年 12 月 10 日参照
関根健次（2007）「アメリカン・エキスプレス・インターナショナル, Inc. 広報室 室長 エディ 操」2007 年 12 月 19 日　ピース・インタビュー企業編 Vol.5
http://www.ekokoro.jp/world/interview/c005_amex/
2012 年 12 月 6 日参照
白石和弘（2012）「ドバイの 11 年食料食品輸入量は 18％増，今後は伸び率鈍化も」*Emerging Market Eye* 2012.2.9
http://www.emeye.jp/disp/ARE/2012/0209/stockname_0209_012/0/
2012 年 7 月 10 日参照
山地憲治（2006）「1.2 エネルギーシステム（c）エクセルギー解析」『エネルギー・環境・経済システム論』pp.9-10. 岩波書店
Yamaoka, K. and Y. Ochii（2003）*A Message from Japan and Asia to the World Water Discussions.* The Japanese Institute of Irrigation and Drainage (JIID), Tokyo, pp 2-6, 62.

Class 4: 消費者とCSR

旭化成エレクトロニクス（2011）「量子型赤外線センサ」p.8.『Corporate Social Responsibility Report 2011（社会・環境報告書）』Asahi Kasei Microdevices Corp.

http://www.asahi-kasei.co.jp/akm/japanese/csr/pdf/asahiCSR2011.pdf
2012年12月13日参照

Boone, Louis E. and David L. Kurtz (2006) "International Business Communication" p.347 (Ch.10). *Contemporary Business 2006*. John Wiley & Sons, Inc.

藤沢志穂子 (2012) "「タニタ食堂」は観光スポット？連日の満員盛況―いざ訪問！" SankeiBiz 2012年11月11日
http://www.sankeibiz.jp/business/news/121111/bsd1211110701002-n1.htm
2012年11月11日参照

Global Footprint Network (2012) "Ecological Footprint"
http://www.footprintnetwork.org/images/trends/2012/pdf/2012_unitedstates.pdf (United States)
http://www.footprintnetwork.org/images/trends/2012/pdf/2012_japan.pdf (Japan)
Accessed January 5, 2013.

近藤久美子 (2012b)「CSV（共通価値の創造）と経営戦略―日本の労働・環境問題におけるCSVの可能性」大阪大学大学院『国際公共政策研究』第16巻第2号 2012年3月 pp.43-57.

LAP (2006)「環境ブランド調査：'企業好感度''商品優位性''購入意向'」pp.1-4. *Laboratory of Advertising and Promotion* (LAP) Vol.22. October, 2006 日経BP
http://adweb.nikkeibp.co.jp/adweb/doc/LAP2006022.pdf
2012年12月12日参照

森永乳業 (2011)「タニタ食堂の100kcalデザート」
http://www.morinagamilk.co.jp/products/brand/tanita/
2012年7月22日参照

中西清隆 (2011)「第12回環境ブランド調査」2011年9月8日 日経BP
http://eco.nikkeibp.co.jp/article/column/20110905/108270/?ST=print
2012年7月19日参照

日経産業新聞 (2012)「第15回環境経営度調査―時価総額と環境対応, 投資家は重視」p.21. 2012年1月30日

桜井敬三, 河村和義 (2012)「第13回 環境ブランド調査2012, CSR評価ランキング」pp.1,3,4,5,7,9-11. 2012年7月9日 日経BP 環境経営フォーラム (EMF)
http://business.nikkeibp.co.jp/article/emf/20121210/240822/
2012年7月12日参照

Sharp (2012)「Healsio & タニタ食堂」
http://healsio.jp/pr/index.html
2012年7月22日参照

サントリー (2012)「CSRビジョン：水と生きる」
http://www.suntory.co.jp/company/csr/vision.html
2012年12月12日参照

谷口徹也 (2012)「環境マーケティング：環境ブランド調査」p.4. 2012年7月13日『日経MJ』

タニタ (2011)『体脂肪計タニタの社員食堂』大和書房 pp.8-16.

Timberland (2012) "Green Index"
http://community.timberland.com/Earthkeeping/Green-Index
Accessed October 14, 2012.

PART II　CSV（共通価値の創造）戦略：進化型CSR の誕生
Class 5: CSV（Creating Shared Value）とは

Bovee, Courtland L. and J. V. Thill（2008）"Part I. Developing a business mindset Ch2: Ethics and Corporate Social Responsibility."pp.28-55. *Business in Action with Real-Time Updates* 4th Edition, Pearson Prentice Hall.

石　弘之（2010）「ついに消えるアラル海」ECOJAPAN「地球危機」発人類の未来 2010 年 9 月 21 日　日経BP
http://eco.nikkeibp.co.jp/article/column/20100917/104817/?ST=print
2012 年 7 月 16 日参照

石田紀郎（2010）「干上がったアラル海のリハビリテーション―植林」『OECC 会報』第 59 号 pp.6-9. 2010 年 4 月（社）海外環境協力センター（OECC）
http://www.oecc.or.jp/pdf/kaiho/OECC59/59p6.pdf
http://www.oecc.or.jp/pdf/kaiho/OECC59/59p1.pdf
2012 年 12 月 7 日参照

近藤久美子（2012b）「CSV（共通価値の創造）と経営戦略―日本の労働・環境問題におけるCSV の可能性」大阪大学大学院『国際公共政策研究』第 16 巻第 2 号 2012 年 3 月 pp.43-57

Kotler, Philip, H. Kartajaya, and I. Setiawan（2010）"PART II Ch4: Marketing the Values to the Employees" *Marketing 3.0: From Products to Customers to the Human Spirit.* John Wiley & Sons（「第 4 章：社員に対する価値のマーケティング」pp.108-129. 恩蔵直人，藤井清美（訳）『コトラーのマーケティング 3.0』朝日新聞出版）

Kuntze, Ronald and E. Matulich（2010）"Google: Searching for value." *Journal of Case Research in Business and Economics,* Vol.2. May, 2010 pp.1-10.
http://www.aabri.com/manuscripts/09429.pdf
Accessed Oct. 6, 2010.

Meiji（2011）AGRO FORESTRY（アグロフォレストリー・チョコレート）
http://www.meiji.co.jp/sweets/chocolate/agroforestry/
2012 年 7 月 16 日参照

ネスレ（2010）「「社員の仕事・家庭両立」支援策を神戸市が評価，表彰」2010 年 10 月 27 日 pp.1-2.
http://j.nestle.co.jp/NR/rdonlyres/5696F3EB-4E1C-44FD-A3DA-FDFE18C87BC2/0/101027_087_nestle.pdf
2011 年 10 月 15 日参照

Nestle（2011a）"Creating Shared Value at Nestle" Nestle HP.
http://www.nestle.com/CSV/CreatingSharedValueAtNestle/Pages/CreatingShared Value.aspx
Accessed Oct. 7, 2011

ネスレ（2011b）「その他のネスレ工場」p.17.『ネスレ 共通価値の創造報告書 2010 農業・地域開発 要約版』
2011 年 6 月 pp.1-52. ネスレ日本株式会社
http://www.nestle.co.jp/asset-library/Documents/CSV/CSV_Synopsis_2010.pdf
2011 年 10 月 12 日参照

Porter, Michael E. and M. R. Kramer（2011）"The Big Idea: Creating Shared Value." *Harvard Business Review,* Jan.-Feb., 2011, pp.1-17.

Porter, Michael E. and V. E. Millar（2011）"How Information Gives You Competitive Advantage（IT と競争優位）." *Diamond Harvard Business Review,* June, 2011, pp.154-155.

Starbucks（2010）プレスリリース（2010 年 4 月 9 日）:「フェアトレード　コーヒーの日」実施
http://www.starbucks.co.jp/press_release/pr2010-424.php
2012 年 12 月 7 日参照

Starbucks（2012）「持続可能な調達モデルとコーヒー生産地への支援：ファーマーサポートセンターの設立」
http://www.starbucks.co.jp/csr/ethicalsourcing/sustainable_model.html
2012 年 12 月 7 日参照

山根小雪（2011）マネジメント「実践の奥義　本業で社会貢献（荒森幾雄 明治常務 菓子開発本部長）チョコでアマゾン再生」pp.78-81.
『日経ビジネス』2011 年 11 月 7 日　日経BP

Class 6: 日本版CSV の可能性

Barney, Jay B.（2011）「経営戦略とCSR：競争優位の新たな源泉」pp.76-79.『日経ビジネス』2011 年 8 月 11 日

日立建機（2011）「電動駆動式油圧ショベルによる日本初の国内クレジットが認証」2011 年 10 月 6 日
http://www.hitachi-kenki.co.jp/news/press/PR20111005174851395.html
2011 年 12 月 29 日参照

Kim, W. Chan and R. Mauborgne（2005）"Ch1: Creating Blue Oceans" "Ch2: Analytical Tools and Frameworks" *Blue Ocean Strategy: How to Create Uncontested Market Space and Make the Competition Irrelevant*, Harvard Business School Publishing Corporation（「第 1 章　ブルー・オーシャンを生み出す」,「第 2 章　分析のためのツールとフレームワーク」pp.18-69. 有賀裕子（訳）『ブルー・オーシャン戦略：競争のない世界を創造する』ランダムハウス講談社）

近藤久美子（2012a）「インターンシップ　本来の目的を忘れないで」『朝日新聞』2012 年 1 月 16 日朝刊

近藤久美子（2012b）「CSV（共通価値の創造）と経営戦略—日本の労働・環境問題におけるCSV の可能性」大阪大学大学院『国際公共政策研究』第 16 巻第 2 号 2012 年 3 月 pp.43-57.

近藤久美子（2012c）「グリーン・エコノミー時代の雇用・労働政策のあり方—学際的グリーン・ジョブの創出と拡大—」『環境経済・政策研究（環境論壇）』Vol.5(1): pp.96-99. 2012 年 3 月

小谷真幸（2011）「事業シフトの研究：富士ゼロックス　もうコピーに頼らない」pp.56-59.『日経ビジネス』2011 年 10 月 3 日 日経BP

Kotler, Philip, H. Kartajaya, and I. Setiawan（2010）"PART II Ch4: Marketing the Values to the Employees," *Marketing 3.0: From Products to Customers to the Human Spirit*, John Wiley & Sons（「第 4 章：社員に対する価値のマーケティング」pp.108-129. 恩蔵直人，藤井清美（訳）『コトラーのマーケティング 3.0』朝日新聞出版）

厚生労働省（2011）「平成 23 年度（雇用・労働関係）給付金」pp.14,95,159
http://www.mhlw.go.jp/general/seido/josei/kyufukin//koyouantei.html
2011 年 12 月 29 日参照

宮崎哲也（2011）「Chapter 7-8 マーケティングとCSR」pp120-121.『フィリップ・コトラーのソーシャル・マーケティングがわかる本』秀和システム

内閣府（2008）「欧州マルチステークホルダー・フォーラム最終報告書：CSR の規定要因の分析」p.92.『安全・安心で持続可能な未来のための社会的責任に関する研究会報告書』2008 年 5 月
http://sustainability.go.jp/research/files/srken_finalreport2.pdf
2011 年 10 月 17 日参照

Porter, Michael E. and M. Kramer (2011) "The Big Idea: Creating Shared Value." pp.1-17. *Harvard Business Review*, Jan.-Feb., 2011.
セキスイハイム (2010)「FACTSTORY "工場で建てるという幸福な選択"」pp.1-10. 近畿セキスイハイム工業株式会社
セキスイハイム (2011)「再築システムの家： セキスイハイムの資源循環型住宅」
  http://www.uru.sekisuiheim.com/saichiku/saichiku_no_ie.html
  2011年12月29日参照
UNEP (2011) "Business Leaders Debate Green Economy in Paris" April 14, 2011.
  http://www.unep.org/climatechange/News/PressRelease/tabid/416/language/en-US/Default.aspx?DocumentId=2637&ArticleId=8703
  Accessed December 29, 2011.

Class 7: 企業広告とレポートの事例

足立史子 (2007)「コミュニティ主体の都市部雨水排水溝清掃によるマラリア対策」2007年8月15日 Japan International Cooperation Agency (JICA)
  http://www2.jica.go.jp/hotangle/africa/tanzania/000387.html
  2012年4月20日参照
有村俊秀, 竹之内秀行, 岩田和之 (2008)「企業における環境情報開示の展開：環境報告書・CSR報告書データベースについて」pp.31-44.『上智経済論集』Vol.53 (1・2合併), 2008年3月
旭化成 (2010)「地域社会とのコミュニケーション」p. 42.『Asahi Kasei Group CSR Report 2010』
  2010年7月
  http://www.asahi-kasei.co.jp/asahi/jp/csr/library/report/pdf/csr_report2010jp.pdf
  2013年2月3日参照
旭化成 (2013) Asahi KASEI「昨日まで世界になかったものを」
  http://www.asahi-kasei.co.jp/asahi/jp/top_answer/index.html#1
  2013年2月3日参照
朝日新聞 (2008) 蚊帳「オリセット ネット」住友化学 企業広告 2008年7月3日
EMF (2012)「東京海上日動火災保険—震災後は最大2200人体制で対応，マングローブの森づくりは進化を遂げる (CSR報告書を身近に感じる紙面に)」p.3 2012年4月9日 日経BP 環境経営フォーラム (EMF)
  http://eco.nikkeibp.co.jp/article/column/20120405/112040/?P=3
  2012年7月12日参照
ファミリーマート (2012)『こども環境報告書』pp.1-22. 社会・環境推進部 2012年6月
  http://www.family.co.jp/fun/eco/ecokids/ecoron/pdf/ecokids_report2012.pdf
  2013年1月18日参照
富士ゼロックス (2011a)「グローバル・コンパクト10原則」pp.2, 9, 26, 31.「従業員」p.33.『Sustainability Report 2011』
  http://www.fujixerox.co.jp/company/public/sr_backnumber/2011/pdf/2011j.pdf
  2012年7月26日参照
富士ゼロックス (2011b)『Sustainability Report 2011 (取組み編) ステークホルダーとのかかわり』pp.1-18.
  http://www.fujixerox.co.jp/company/public/sr_backnumber/2011/pdf/2011j_stakeholder.pdf
  2012年7月26日参照

富士ゼロックス（2012）「サステナビリティ報告書賞「最優秀賞」受賞」「第 15 回環境報告書賞・サステナビリティ報告書賞（東洋経済新報社）」2012 年 3 月 13 日
http://news.fujixerox.co.jp/news/2012/000620/
2012 年 7 月 26 日参照

IBM（2001）「水資源」p.38『環境・ウェルビーイング プログレス・レポート』
http://www-06.ibm.com/ibm/jp/company/environment/responsibility/ 2001/pdf/all.pdf
2012 年 7 月 25 日参照

伊藤　誠（2007）「マラリアとの長い闘い」在タンザニア日本国大使館　The Ministry of Foreign Affairs of Japan（MOFA）
http://www.tz.emb-japan.go.jp/arekore3_j.html
2012 年 12 月 17 日参照

環境省（2012）「環境報告の一般的報告原則」pp.8-11.『環境報告ガイドライン（2012 年版）』2012 年 4 月
http://www.env.go.jp/policy/report/h24-01/full.pdf
2012 年 7 月 26 日参照

Meiji（2009）「企業情報：ガーナでの活動　2009 年」
http://www.meiji.co.jp/corporate/activity/cacao_partnership/2009/
2012 年 12 月 17 日参照

NTT ドコモ（2012）「人材の雇用・処遇」
http://www.nttdocomo.co.jp/corporate/csr/report/employee/employment/index.html
2012 年 7 月 26 日参照

住友化学（2011）「住友化学のアフリカ支援：オリセット・ネットとは？」
http://www.sumitomo-chem.co.jp/csr/africa/olysetnet.html
2011 年 11 月 6 日参照

住友林業（2012）「環境共生広告ギャラリー」
http://sfc.jp/information/gallery/
2012 年 7 月 24 日参照

サステナビリティ日本フォーラム（2012）「GRI（Global Reporting Initiative）」
http://www.sustainability-fj.org/gri/index.php
2012 年 7 月 26 日参照

谷口徹也（2012）「環境ブランド調査 2012」pp.90-93.『日経ビジネス』2012 年 7 月 9 日　日経BP

手塚　正，高村太朗（2012）「特集 2：新卒就職戦線総括　第 6 回新卒採用力ランキング」pp.142-143.『週刊ダイヤモンド』　2012 年 7 月 28 日

東京海上グループ（2011a）『e-CSR 報告書』p.166.
http://www.tokiomarinehd.com/social_respon/report/pdf/csr2011_web.pdf
2012 年 12 月 26 日参照

東京海上グループ（2011b）『CSR ブックレット 2011：あしたの力に，変わるものを。』
http://www.tokiomarinehd.com/social_respon/report/pdf/csr2011.pdf
http://csr-toshokan.net/book/tokiomarine-2011/　（E-book）
2012 年 12 月 26 日参照

東京海上グループ（2011c）「東京海上グループCSRを知ろう」
http://www.tokiomarinehd.com/contents/csr-link.html
2012 年 7 月 25 日参照

東京海上グループ（2012a）『Sustainability Report 2012』p.205.

http://www.tokiomarinehd.com/social_respon/report/pdf/csr2012_web.pdf
2012 年 12 月 26 日参照
東京海上グループ (2012b)『CSR ブックレット 2012 : あしたの力に，変わるものを』
http://www.tokiomarinehd.com/social_respon/report/pdf/csr2012.pdf
http://csr-toshokan.net/book/tokiomarine-2012/index.html （E-book）
2012 年 12 月 26 日参照
東京海上グループ (2012c)「ISO26000 に関する認識」
http://www.tokiomarinehd.com/social_respon/archive/iso26000.html
2012 年 7 月 25 日参照
東洋経済新報社 (2012)「環境報告書賞・サステナビリティ報告書賞（過去 5 年の受賞）」
http://www.toyokeizai.net/corp/release/2012/20120130.php
http://sfc.jp/information/gallery/index_03.html
2012 年 7 月 25 日参照
読売新聞 (2012)「2030 年　就業者 845 万人減　10 年比，厚労省推計」p.4 2012 年 7 月 23 日夕刊

Class 8: 企業分析のフレームワーク

Boone, Louis E. and David L. Kurtz (2006) *Contemporary Business 2006*. pp.274-275 (Ch. 8). John Wiley & Sons, Inc.
Datamonitor (2010) "SWOT Analysis" GS Yuasa Company Profile (January 22, 2010): pp.10-14.
JINS (2012a)「JINS PC for HACKERS」
http://www.jins-jp.com/functional/pc-forhackers.html
2012 年 8 月 6 日参照
JINS (2012b)「どんどんひろがる JINS PC」
http://www.jins-jp.com/jins-pc/company/
2012 年 8 月 6 日参照
Kim, W. Chan and R. Mauborgne (2005) "Ch1: Creating Blue Oceans," "Ch2: Analytical Tools and Frameworks," *Blue Ocean Strategy: How to Create Uncontested Market Space and Make the Competition Irrelevant*, Harvard Business School Publishing Corporation (「第 1 章　ブルー・オーシャンを生み出す」,「第 2 章　分析のためのツールとフレームワーク」pp.18-69,「第 3 章　市場の境界を引き直す」p.113. 有賀裕子（訳）『ブルー・オーシャン戦略：競争のない世界を創造する』ランダムハウス講談社)
三橋規宏 (2008)『よい環境規制は企業を強くする』pp.6-13. 海象ブックレット 2008 年 4 月 26 日
日経MJ (2012)「青色光遮る子ども用PC眼鏡，ジェイアイエヌ」2012 年 6 月 1 日
日経新聞 (2012)「ジェイアイエヌ，自販機でメガネ，度なしのパソコン用で」2012 年 6 月 25 日朝刊
Spoelstra, Jon, 中道暁子（訳）(2000)『エスキモーに，氷を売る（Ice to the Eskimos.）』2000 年 6 月　きこ書房
田中　陽 (2012)「ジェイアイエヌ社長田中仁さん—国民すべてにメガネを」2012 年 7 月 8 日 『日経MJ』
海野みづえ，細田悦弘 (2011)『企業ブランディングを実現する　CSR（企業の社会的責任）』産業編集センター pp.91-92 (Ch. 3).
Wheelen, Thomas L. and J. David Hunger (2010) "Ch 6: Strategy Formulation: Situation Analysis & Business Strategy" pp.224-227. *Strategic Management & Business Policy* 12th Edition. Pearson Prentice Hall.

吉田茂人（2012）「カリスマが激怒！「アルマーニ争奪戦」秘話－伊藤忠商事社長」pp.1-2.『プレジデント』2010年6月14日号
http://president.jp/articles/-/6552
2012年7月2日参照

Class 9: 企業のケーススタディ（海外から日本へ）
ATA（2011）"The World of Telemedicine" p.1. *Year in Review Report 2011*. American Telemedicine Association（ATA）
http://media.americantelemed.org/AnnualReport.pdf
Accessed August 15, 2012.
地球白書（2000）「大いなる自然の恵み（第4集）」『土曜プレミアム』2000年10月28日NHK教育
EIU（2010）「シルバーからゴールドへ（From Silver to Gold）：日本における高齢社会とその可能性」『エコノミスト・インテリジェンス・ユニット（EIU）報告書』pp.2-4.
http://www.ge.com/jp/docs/3944854_1274943846_Silver_to_Gold_jp.pdf
2012年8月15日参照
GE（2008）『エコマジネーション・レポート要約版』p.10.
http://www.ge.com/jp/docs/1291402924029_2008_ecomagination_report_jp.pdf
2012年8月17日参照
GE（2009）『ヘルシーマジネーション・レポート要約版』（2009 healthymagination report）pp.2-3.
http://www.ge.com/jp/docs/1294914982722_Healthymagination_2009_JP.pdf
2012年8月15日参照
GE（2010）*'healthymagination' Annual Report 2010* pp.2-3.
http://www.healthymagination.com/wp-content/themes/hm2011/PDF/GE_Healthymagination.pdf
2012年8月15日参照
GE（2011）*'ecomagination' Report 2011* pp.3, 6.
http://www.ecomagination.com/ar2011/
2012年8月17日参照
GE（2012）「GEのヘルシーマジネーションへのコミットメント」
http://www.ge.com/jp/company/healthymagination/index.html
2012年7月9日参照
IBM（2010）プレスリリース「IBMが世界100都市のスマート化　5000万ドルの支援を表明」2010年11月10日
http://www-06.ibm.com/jp/press/2010/11/1002.html
2012年8月17日参照
IBM（2011）『IBM Smarter City ソリューション』p.7.
http://www-06.ibm.com/industries/jp/government/whitepaper/pdf/IBM_SmarterCity.pdf
2012年8月17日参照
IBM（2012a）プレスリリース「Smarter Cities Challenge プログラムの支援都市を発表」2012年3月23日
http://www-06.ibm.com/jp/press/2012/03/2301.html
2012年8月16日参照
IBM（2012b）「スマートな都市（Rio de Janeiro City Operation Center）」
http://www-06.ibm.com/innovation/jp/smarterplanet/cities/solutions.html

2012 年 8 月 17 日参照
IPCC (2007) "Mitigation of Climate Change: Working Group III contribution to the Fourth Assessment Report of the IPCC" *Climate Change 2007* p.862. Cambridge University Press. Sept.10, 2007
IPCC (2008) "Impacts, Adaptation and Vulnerability: Working Group II contribution to the Fourth Assessment Report of the IPCC" *Climate Change 2007* p.986. Cambridge University Press. Feb. 10, 2008
Janekarnkij, Penporn (2008) "Overview of economic valuation: value classification and valuation method." March 24, 2008.
http://www.unepscs.org/Economic_Valuation_Training_Materials/01%20Values%20of%20Coastal%20Habitat%20Goods%20and%20Services/05-Overview-Economic-Valuation.pdf
Accessed December 3, 2012.
JTTA (2007)「遠隔医療の定義」(平成 18 年 7 月 16 日) 日本遠隔医療学会 Japanese Telemedicine and Telecare Association (JTTA)
http://jtta.umin.jp/frame/j_01.html
2012 年 8 月 19 日参照
近藤久美子 (2003)「遠隔医療の潜在需要の規定要因――福島県葛尾村と香川県旧寒川町の事例を中心に―」『農村計画学会誌』5: pp.175-180. 2003 年 11 月
中島功, 十蔵寺寛, 北野利彦, 石橋雄一 (2009)「遠隔医療の普及を妨げる社会的要因の調査研究」電気通信普及財団 研究調査報告書 No.24 2009.
http://www.taf.or.jp/publication/kjosei_24/index-1/page/p229.pdf
http://www.taf.or.jp/publication/kjosei_24/index-1/index2.pdf
2012 年 8 月 13 日参照
日経新聞 (2012)「東通村で医療車実験, GE 系, 先端機器を搭載, 青森県と協力しデータ集め」p.2. 地方経済面 東北 2012 年 6 月 29 日
小川義也 (2011)「スマート・シティ, 米 2 社先行――IBM, GE」p.2.『日経産業新聞』2011 年 11 月 15 日
Porter, M. and M. Kramer (2011) "The Big Idea: Creating Shared Value." pp.1-17. *Harvard Business Review*, Jan.-Feb., 2011.
ソフトバンク クリエイティブ (2010)「スマート・シティとは何か？ 都市を効率化する 3 つの IT ――米 IDC リック・ニコルソン氏」2010 年 6 月 7 日 ソフトバンクビジネス＋IT
http://www.sbbit.jp/article/cont1/21729
2012 年 12 月 27 日参照
UNEP (2011) "Economic Analysis of Mangrove Forests: A case study in Gazi Bay, Kenya." The United Nations Environment Programme (UNEP). September, 2011.
http://www.unep.org/dewa/Portals/67/pdf/EA_Mangrove_forests.pdf
Accessed December 3, 2012.
象印 (2012)「みまもりほっとライン」http://www.mimamori.net/index.html
http://www.mimamori.net/service/index.html
2012 年 8 月 19 日参照

Class 10: 企業のケーススタディ（日本から海外へ）
CCC (2012)「News Release：T 会員数が 4,000 万人を突破しました」2012 年 5 月 23 日 カルチュア・コンビニエンス・クラブ (CCC)

http://www.ccc.co.jp/fileupload/pdf/news/20120523_tpoint_40million.pdf
2012年8月23日参照

FR（2010）「CSRアクション：GRAMEEN Bankグループとの合弁会社設立に関するお知らせ」
2010年7月13日
http://www.fastretailing.com/jp/csr/news/1007131500.html
2012年12月13日参照

FR（2011）"Message from Global Challenger" pp.6-7.『Fast Retailing CSR レポート2011』
http://www.fastretailing.com/jp/csr/report/pdf/csr2011.pdf
2012年8月24日参照

FR（2012a）「ソーシャルビジネスの可能性」pp.24-25.『Fast Retailing CSR レポート2012』
http://www.fastretailing.com/jp/csr/report/pdf/csr2012.pdf
2012年8月24日参照

FR（2012b）「全商品リサイクル活動」
http://www.uniqlo.com/recycle/jp/
2012年12月13日参照

GS YUASA（2011）『GS YUASA 2011 環境・社会報告書』pp.1-28.
http://www.gs-yuasa.com/jp/kankyo/pdf/GSyuasaCSR111.pdf
2011年10月9日参照

平和堂（2012）「第2章 環境との共生をめざして」p.24.『CSRレポート2012』
http://www.heiwado.jp/eco/img_eco/2012/all.pdf
2012年8月22日参照

JFEグループ（2011）「JFEエンジニアリングの商品・技術，研究開発を通じた環境負荷低減活動」p.44.『CSR報告書2011』
http://www.jfe-holdings.co.jp/environment/pdf/csr_2011_j.pdf
2012年8月21日参照

JFEグループ（2012）「Highlights 2011」p.40.『JFEグループTODAY2012』
http://www.jfe-holdings.co.jp/investor/library/group-today/2012/pdf/all.pdf
2012年8月21日参照

JFEエンジニアリング（2011）「JFEエンジニアリング東神奈川寮完成―ショールームとして自社最新技術を配備した省エネビル―」2011年10月28日
http://www.jfe-eng.co.jp/news/2011/20111028.html
2012年8月20日参照

JFEエンジニアリング（2012）「ロジスティックス」
http://www.jfe-eng.co.jp/products/machine/logistics/lo09.html
2012年8月20日参照

近畿経済産業局（2009）『関西の見学可能な施設ガイド2009（Kansai Technical Visit Guide）』2009年6月 経済産業省 近畿経済産業局 通商部 投資交流促進課
http://www.kansai.meti.go.jp/2kokuji/tvlist/guide2009/j_guide2009_all.pdf
2012年8月24日参照

Kondo, Kumiko（2012）"Fast Retailing's Creating Shared Value (CSV) Initiatives" *CaseBase 2: Case Studies in Global Business*. Gale, Cengage Learning. June, 2012. pp.29-35.

明和製紙原料（2010）機密書類の処理工場 'けすぷろ'，'リバースプラザ'
http://kespro.jp/voice/voice03.html
http://www.rebirthplaza.com/

2012 年 8 月 24 日参照

Munk, David（2009）"Has Japan designed the world's best bike shed?" *The Guardian* Nov.5, 2009.
http://www.guardian.co.uk/environment/green-living-blog/2009/nov/05/japan-best-bike-shed
Accessed August 20, 2012.

日清食品グループ（2011）『日清食品グループ CSR 報告書 2011』pp.1-55.
http://www.nissinfoods-holdings.co.jp/csr/report/pdf/CSR_report2011.pdf
2011 年 10 月 9 日参照

日清食品グループ（2012）「'食'の力で地球を救う」p.14.『日清食品グループ CSR 報告書 2012』
http://www.nissinfoods-holdings.co.jp/csr/report/pdf/CSR_report2012.pdf
2012 年 8 月 23 日参照

山陽新聞（2012）「小六信和─古紙リサイクルのプロ」2012 月 2 年 マイベストプロ岡山
http://mbp-okayama.com/meiwa-paper/
2012 年 12 月 13 日参照

SATO（2012）「世界初! 焼却時に発生するCO_2を吸収するエコナノラベル」pp.7-8.『サトーの環（Sustainability Report 2012）』
http://www.sato.co.jp/ir/library/document/csr_report/2012_csr_j.pdf
2012 年 8 月 22 日参照

セキスイハイム（2012）「子どもを賢く育てる家」
http://www.sekisuiheim.com/spcontent/lifestylenavi/field2/
2012 年 8 月 24 日参照

柴田克己（2012）「T ポイントの会員データ分析から企業は何を知るのか」ZDNet Japan 2012 年 6 月 11 日
http://japan.zdnet.com/cio/sp_bigdata2011/35018019/
2012 年 8 月 23 日参照

田中信彦（2012）「成熟する中国社会 リサイクルに強い関心」pp.130-131.『週刊東洋経済』2012 年 3 月 10 日

タニタ（2011）『体脂肪計タニタの社員食堂』pp.8-16. 大和書房

ユニクロ（2012）「ユニクロの「全商品リサイクル」2012 年 3 月 1 日より香港, 台湾, 上海市内でもスタート」2012 年 2 月 24 日
http://www.fastretailing.com/jp/csr/news/1202241700.html
2012 年 12 月 13 日参照

PART Ⅲ　起業家精神とインセンティブの活用
Class 11: 起業家の特徴について

新将命（2011）「転職脱臼論」pp.102-104.『働き方の教科書』2011 年 12 月 9 日　ダイヤモンド社

Boone, Louis E., and, David L. Kurtz（2006）"Starting Your Own Business: The Entrepreneurship Alternative" pp.198, 209 (Ch.6). *Contemporary Business 2006*. John Wiley & Sons, Inc.

Bovee, Courtland L. and John V. Thill（2008）"Small Business and Entrepreneurship" p.135 (Ch.6), pp.307-308 (Ch.12). *Business in Action with Real-Time Updates 4th Edition*, Pearson Prentice Hall.

Fairlie, Robert W.（2010）*Kauffman Index of Entrepreneurial Activity 1996-2009*. May, 2010. The Ewing Marion Kauffman Foundation.

http://www.kauffman.org/uploadedfiles/kiea_2010_report.pdf
Accessed December 7, 2012.

Hill, Linda A.（2012）「Special Lesson 1: 未来のリーダーシップ」pp.2-17.『ハーバード・ビジネススクール「生き方」「働き方」の授業』*Harvard Business Review* 別冊 2012 年 4 月号 ダイヤモンド社

池田信夫（2012）""長い江戸時代"が，日本企業のグローバル化を阻害する」エコノMIX 異論正論 2012 年 07 月 20 日
http://www.newsweekjapan.jp/column/ikeda/2012/07/post-530.php
2012 年 7 月 24 日参照

Jobs, Steve（2007）『アップル再生: iPod の挑戦（The i-Pod Revolution）』ディスカバリー・チャンネル

守島基博（2012）「「転職できる会社かどうか」に悩む就活学生の胸中」pp.1-3.『PRESIDENT』2012 年 6 月 4 日号（2012 年 5 月 29 日）
http://president.jp/articles/-/6231
2012 年 12 月 7 日参照

Shane, Scott A.（2009）"Failure Is a Constant in Entrepreneurship" July 17, 2009. *The New York Times*.
http://boss.blogs.nytimes.com/2009/07/15/failure-is-a-constant-in-entrepreneurship/
Accessed August 13, 2012.

矢口竜太郎, 小原　忍（2007）商品開発「革新し続ける仕組み」p.45.『日経コンピュータ』2007 年 4 月 16 日号（2007 年 10 月 29 日）日経BP
http://itpro.nikkeibp.co.jp/article/COLUMN/20071022/285088/
2012 年 8 月 13 日参照

読売新聞（2010）「新入社員 ますます安定志向」p.36. 2010 年 4 月 22 日朝刊

Class 12: 海外の起業家・企業経営者から学ぶ

阿部佐知子（2012a）「なぜ大阪? 北欧の人気 100 円ショップ, 日本上陸の内幕」pp.1-2. 2012 年 2 月 26 日 SankeiBiz
http://www.sankeibiz.jp/business/news/120226/bsd1202260700004-n1.htm
2012 年 8 月 11 日参照

阿部佐知子（2012b）「イケアに行けば"一石三鳥"USJ を上回る集客力のヒミツ」2012 年 8 月 11 日 SankeiBiz
http://www.sankeibiz.jp/business/news/120811/bsd1208111001006-n2.htm
2012 年 8 月 11 日参照

Central Trade（2009）「インタビュー：青木智栄子氏 ブルーツリーホテルCEO」
http://www.central-trade.com/ct/japan/entrevista_chiekoaoki.php
2012 年 9 月 12 日参照

IKEA（2011）"Welcome Inside 2011" p. 8.
http://www.ikea.com/ms/ja_JP/pdf/yearly_summary/Welcome_inside_2011.pdf
2012 年 9 月 4 日参照

IKEA（2012a）「イケアの社風適性クイズへようこそ」
http://www.ikea.com/ms/ja_JP/rooms_ideas/fitquiz09/index.html
2012 年 9 月 4 日参照

IKEA（2012b）「イケアのビジョンとビジネス理念」,「会社概要」

http://www.ikea.com/ms/ja_JP/about_ikea/the_ikea_way/our_business_idea/index.html

http://www.ikea.com/ms/ja_JP/about_ikea/facts_and_figures/facts_figures.html

2012年9月11日参照

Interbrand（2012）"Best Global Brands 2012"

http://www.interbrand.com/en/best-global-brands/2012/Best-Global-Brands-2012.aspx

2012年12月14日参照

楠木　建（2012）「強い日本企業の共通点　それは「一意専心」型」p.75.『週刊東洋経済』2012年4月14日

村上　敬（2012）「リーダーになる人が身につけておきたいこと：坂根正弘」pp.8-11.『THE21増刊号』2012年8月 PHP研究所

大竹　剛（2012）「イケアの秘密」pp.48-62.『日経ビジネス』2012年3月26日 日経BP

Salsberg, Brian（2012a）「シュルツ『スターバックス再生物語』創造的破壊　ブランドに輝き取り戻す」『日経新聞』p.15. 朝刊 2012年3月5日

Salsberg, Brian（2012b）「シュルツ『スターバックス再生物語』人材への投資　企業文化，じっくり育成」『日経新聞』p.13. 朝刊 2012年3月19日

瀬戸久美子（2011）「業績回復の研究 スターバックス（コーヒーをはじめとする飲食・小売業）原点回帰で最高益」pp.56-61.『日経ビジネス』2011年3月14日 日経BP

Starbucks（2012a）"Starbucks Company Profile" August 2012

http://news.starbucks.com/images/10041/AboutUs-CompanyProfile-Q3-2012-8_1_12-FINAL.pdf

Accessed Sept. 2, 2012.

Starbucks（2012b）"Starbucks Company Recognition"

http://assets.starbucks.com/assets/5e71c94483a44a5db41abf79581fbf22.pdf

Accessed Sept. 3, 2012.

Starbucks（2012c）"Starbucks Company Timeline"

http://assets.starbucks.com/assets/e56b2a6b08244aaab0632dc6ac25ad0d.pdf

Accessed Sept. 2, 2012.

Tiger Copenhagen（2012）「臨時休業」

http://www.tiger-stores.jp/

2012年9月12日参照

上阪　徹（2012）「スターバックスコーヒー カンパニー　CEO Howard Schultz」『GOETHE』（2012年4月）Nikkei, Inc.

http://goethe.nikkei.co.jp/human/120628/04.html

2012年9月3日参照

山川龍雄（2012a）「「顧客中心」が革新を生む：ジェフ・ベゾス氏（米 アマゾン・ドット・コム CEO）」pp.108-111.『日経ビジネス』2012年4月30日

山川龍雄（2012b）「クルマは汎用品にならない：カルロス・ゴーン氏（日産自動車 社長 兼 CEO，仏ルノー会長 兼 CEO）」pp.48-51.『日経ビジネス』2012年6月4日 日経BP

Class 13: 日本の起業家・企業経営者から学ぶ

GPTW（2012）「2012年発表 '働きがいのある会社' ランキング」Great Place to Work（GPTW）

http://www.hatarakigai.info/ranking/index.html

2012年12月14日参照

牧野正幸（2012）「失敗と挽回の機会で育成」p.44.『日経ビジネス』2012年4月2日 日経BP

村上　敬（2012）「リーダーになる人が身につけておきたいこと：坂根正弘」pp.8-11.『THE 21 増刊』2012 年 8 月号　PHP 研究所

島精機（2011）「島精機 会社案内」pp.13, 18. 2011 年 5 月
  http://www.shimaseiki.co.jp/company/profile/pdf/company_guide.pdf
  2012 年 8 月 27 日参照

島精機（2012a）「会社情報」
  http://www.shimaseiki.co.jp/company/
  2012 年 8 月 28 日参照

島精機（2012b）「講習情報」
  http://www.shimaseiki.co.jp/support/training/
  2012 年 8 月 30 日参照

島精機（2012c）「その他事業」
  http://www.shimaseiki.co.jp/company/other/
  2012 年 8 月 30 日参照

孫　正義（2011）「現状を悲観的に問題視して解決案を考え，未来を楽観的に夢抱き戦略を準備。成功の一つのアプローチです」2011 年 7 月 24 日 Twitter
  http://twitter.com/#!/masason/statuses/95139747130904576
  2012 年 4 月 9 日参照

谷　奈々（2012）「モノづくりに魂を込めて」『21 世紀 WAKAYAMA』Vol.68　2012 年 3 月 26 日（財）和歌山社会経済研究所
  http://www.wsk.or.jp/book/68/03.pdf　2012 年 1 月 24 日
  2012 年 8 月 28 日参照

冨山和彦（2011）「第 1 章 挫折こそが成長への近道」p.58.『挫折力』PHP ビジネス新書 2011 年 1 月 9 日 PHP 研究所

和歌山県（2008）「島正博（株）島精機製作所社長」『和』Vol.5 和歌山県情報館 2008 年 2 月 29 日
  http://www.pref.wakayama.lg.jp/prefg/000200/nagomi/web/nagomi05/specialfeature02/index.html
  2012 年 8 月 30 日参照

Class 14: 労働・教育・環境分野のインセンティブ

Climate Alliance（2008）「ジョブ・チケットを導入し，自動車から公共交通への通勤手段の転換を促進」p.27.『変革のチャンス：ドイツの自治体が取組む地球温暖化防止戦略』2008 年 11 月

今泉みね子（2003）「分割下水料金システム」pp.161-164.『ここが違う，ドイツの環境政策』2003 年 11 月　白水社

産経新聞（2012）「家が会社に近いほど"おトク"　手厚い住宅手当，その狙いとは？」2012 年 9 月 8 日
  http://www.sankeibiz.jp/econome/news/120908/ecd1209081856003-n1.htm
  2012 年 12 月 6 日参照

篠原　匡（2012）「超絶！"アメーバ経営"マネジメントの研究 ディスコ（半導体関連装置）」pp.52-54.『日経ビジネス』2012 年 6 月 18 日　日経 BP

篠原　匡，瀬戸久美子，白壁達久（2012）「2012 年版「働きがいのある会社」ベスト 30：働きがいを支える仕組み　こんな会社で働きたい」pp.54-55, 57.『日経ビジネス』2012 年 1 月 23 日　日経 BP

Appendix: 中小企業（SMEs）におけるCSV経営

阿部正浩，松繁寿和（2010）「執筆者紹介」p. iv.『キャリアのみかた』有斐閣

アカリク（2010）『大学院生，ポストドクターのための就職活動マニュアル』亜紀書房

アカリク（2013）「会社概要：アカリク　academy & recruitment」
　　http://www.acaric.co.jp/company/
　　2013年5月8日参照

池内計司（2008）「産地の構造改革」pp.152-154.「産地一体となった構造改革」pp.199-200.『「つらぬく」経営：世界で評価される小さな会社・池内タオルの神髄』エクスナレッジ

池内タオル（2013）「会社案内―トータル・オーガニック・テキスタイル・カンパニーを目指して」
　　http://www.ikeuchitowel.com/corp/company.html
　　2013年5月2日参照

近藤久美子（2011）「第5章　現代社会と企業経営　1. 環境マネジメント」pp.101-106.『マネジメント論』ナカニシヤ出版 2011年6月

Kondo, Kumiko (2013) "Kaiyodo, a Small and Medium-Sized Enterprise (SME) in Japan" *Gale Business Insights: Global* (online database). Gale, Cengage Learning. Forthcoming

京都試作ネット（2013）「中小企業で構成された「試作に特化したソリューション提供」を専門とするサイト」
　　http://www.kyoto-shisaku.com/
　　2013年5月14日参照

丸吉日新堂印刷（2013）「アフリカザンビアバナナペーパー・プロジェクト」
　　http://www.banana.jpn.com
　　http://www.nissindou.co.jp/（HP）
　　http://eco-meishi.info/（エコ名刺）
　　2013年5月8日参照

明和製紙原料（2008）「会社概要」
　　http://www.meiwa-paper.co.jp/company/index.html
　　2013年5月8日参照

METI（2012）「付属統計資料　表1（2）」p.302.『中小企業白書2012年版』2012年4月27日 中小企業庁 経済産業省
　　http://www.chusho.meti.go.jp/pamflet/hakusyo/H25/PDF/13042610Hakusyo_fuzokutokei_web.pdf
　　2013年5月11日参照

PARC（2008）『食べるためのマグロ，売るためのマグロ』アジア太平洋資料センター

WHO (2012) "Part III Global health indicators: 1. Life expectancy and mortality" pp.58-59. *World Health Statistics 2012.*
　　http://www.who.int/healthinfo/EN_WHS2012_Part3.pdf
　　Accessed May 8, 2013.

＊＊＊

事項索引

あ

アグロフォレストリー（森林農業） 60, 61
アラル海 60
インセンティブ設計 161
インターンシップ 69, 70
エコロジカル・ビレッジ 60
エコロジカル・フットプリント 50
エネルギー・マネジメント 160
塩害 60
遠隔医療 102
オフィス改革 24-26

か

回廊地帯 59
学際的創造性 73
仮想市場法（CVM：Contingent Valuation Method） 103
環境
　——技術 31, 33, 35, 36
　——規制 88
　——コミュニケーション 42-45
　——税 27
　——ソリューションビジネス 73
　——配慮型の医療機器 101
　——配慮型ラベル 110
　——ブランド調査 42, 45
　——マネジメント人材 32
ガゼル企業 164
ガラパゴス化 124
起業家／企業家 119-121, 126, 129, 136, 139
気候変動 83
規制的手法 27
偽善的CSR（見せかけのCSR） 9, 11
キャリア形成 18, 19, 28, 68, 143, 144

グラミン銀行 114, 115
グリーン・イノベーション 47
グリーン・エコノミー 71, 73-75
グリーン・ジョブ（学際的グリーン・ジョブ） 71, 73, 74
グローバリゼーション 5
経済的手法 27
建設機械のエコ化 72
合意形成 154
公共政策 85
後方支援型のリーダー 122
国内クレジット制度 71
コミュニケーション・チャネル 148
コミュニケーション能力 39, 41, 145
コミュニティ活性化 115
コモディティ化 130, 131
雇用循環 85
コンパクト・シティ 101, 105
コンピュータ横編み機 142, 143

さ

裁量 122, 125, 127
サプライチェーン 47
産業クラスターの育成 58
ジェボンズ・パラドックス 35, 36
支援策と還元策の両立 160
資源循環型住宅 73
受動的CSR 9
循環型社会 14
植物工場 31
女性の年齢階級別労働力率 28
ジョブのミスマッチ 41
人工首都 137
人材の流動化（労働市場の流動化） 27
ステークホルダー（利害関係者） ii, 5, 80, 84

スマートグリッド　97
スマートシティ　97, 99, 100, 101, 105
生産年齢人口　27
生態系サービス（ecosystem services）
　　103, 104
生物多様性（biodiversity）　43, 44
戦略的 CSR　9-11, 55, 58
創エネ　160
相対的貧困率　27

た
ダイバーシティ・マネジメント　63
多国籍企業　13
地下水　45
蓄エネ　160
知識労働者（ナレッジ・ワーカー）　121
ディスインセンティブ（逆インセンティブ）
　　156
低炭素社会　107, 160
天候保険　83
トップ・ランナー基準　36

な
ニッチ市場　121
ノンアカデミック・キャリアパス　74

は
バーチャル・ウォーター（仮想水）　30
排出量取引　27
非顧客層　67, 94, 133
非市場財　104
フェアトレード　55, 56
不確実性　121, 148
フランチャイズ契約　138
フリーアドレス　25
ブルー・オーシャン戦略　66
分割下水料金システム　160
文理融合型の教育　74
法令遵守（コンプライアンス）　59
ポーター仮説　88

ま
マイクロクレジット　115
マズローの欲求階層説　19, 20
見える化　48, 50, 52
水資源の賦存量　29
水処理技術　79
民生部門（家庭・業務部門）　35

や
予防医療　100, 102

ら
レッド・オーシャン　66, 67
労働 CSR　13, 14, 18, 24, 27, 28
労働力人口　28

わ
ワークシェアリング　174

A
active listening　7
adaptation（適応策）　97
AIDMA　105
autocratic leaders（専制型のリーダー）
　　123

B
B to B（Business to Business）　47
B to C（Business to Consumer）　47

C
CEO（最高経営責任者）　129, 130, 135, 137, 139
change agents
　　（turnaround entrepreneurs）　120, 129, 133, 143-147
classic entrepreneurs
　　（serial entrepreneurs）　119, 141, 143
conscientious view　9, 10
COO（最高執行責任者）　144

索引　197

corporate citizen（企業市民）　4
CRM（Cause-Related Marketing）　32-35
CSR（Corporate Social Responsibility 企業の社会的責任）　ii-v, 9
CSV（Creating Shared Value 共通価値の創造・共益の創造）　ii-v, 55-62
cynical listening　7
cynical view　9, 10

D
defensive view　9, 10
democratic leaders（民主的なリーダー）　123
desalination（海水の淡水化）　31

E
ecomagination（エコマジネーション）　99, 100
empowerment　6, 59
exergy（エクセルギー）　36

F
FDA（Food and Drug Administration）　88

G
Greenwash（グリーン・ウォッシュ）　9-11
GRI　81
groupthink（集団思考，集団浅慮）　16

H
healthymagination（ヘルシーマジネーション）　99, 100
high context culture（ハイコンテクスト文化）　39

I
inimitability（模倣困難性）　69
intrapreneurs（corporate entrepreneurs）　63, 64, 119, 143
IPCC　97
ISO（国際標準化機構）　35

J
job enlargement（職務拡大）　74
job enrichment（職務充実）　74

L
laissez-faire leaders（放任的なリーダー）　123
LEED（リード認証）　133
low context culture（ローコンテクスト文化）　39

M
Magic E　173
minimalist view　9
mitigation（緩和策）　97

N
non-use values/passive use values（非利用価値）　103

O
OECD　27
offensive listening　7

P
polite listening　7

Q
QOL（Quality of Life）　100, 101

R
Resource-Based View（RBV）　68

S
SFAS Matrix　90, 92
SMEs　163, 164
SRI（社会的責任投資）　46, 109, 160

sustainability（サステナビリティ，持続可能性）　*14*
SWOT 分析　　*87-90*

T
TOWS マトリックス　　*87, 89, 90*

U
UNEP　*71*
UNICEF　*33*

V
value chain　*58*
VRIO（The VRIO Framework）　*66, 69*

W
WLB（work-life balance　ワークライフ・バランス）　*i*
WTP（willingness to pay　支払意思額）　*102, 103*

人名索引

A
阿部正浩　*171*
阿部佐知子　　*134, 137*
足立史子　*77*
Allan, J. A.　*30*
Al-Otaibi, M.　*31*
有村俊秀　*80*
新将命　*127*

B
Barney, J. B.　*68, 69*
Boone, L. E.　　*7, 39, 90, 119, 121*
Bovee, C. L.　　*9, 20, 57, 121, 123*

F
Fadlelmawla, A.　*31*
Fairlie, R. W.　*120*
藤沢志穂子　*49*

H
原隆　*i*
Hill, L. A.　*124*
平松さわみ　*31*
細田悦弘　*88*

Hunger, J. D.　　*88-93*

I
池田信夫　*123*
池内計司　*166*
今泉みね子　*160*
石弘之　*60*
石橋雄一　*102*
石田紀郎　*60*
伊藤誠　*77, 78*
岩田和之　*80*

J
Janekarnkij, P.　*103*
Jobs, S.　*123*
十蔵寺寛　*102*

K
河村和義　　*42, 43, 45, 46*
Kim, W. C.　*66, 67*
北野利彦　*102*
小原忍　*119*
近藤久美子　　*13, 35, 71, 103, 166*
Kondo, K.　　*30, 36, 37, 114, 169*

索引　199

紺野登　25, 26
小谷真幸　73
Kotler, P.　63, 73
Kramer, M. R.　56-58, 62, 63, 65, 99
Kuntze, R.　63
Kurtz, D. L.　7, 39, 90, 119, 121
楠木建　137

L
李賢映　31

M
牧野正幸　147
松繁寿和　171
Matulich, E.　63
Mauborgne, R.　66, 67
Millar, V. E.　58
三橋規宏　88
宮崎哲也　65
守島基博　126
Munk, D.　107
村上敬　138, 148

N
中島功　102
中道暁子　94
中西清隆　42

O
Ochii, Y.　29
小川義也　98, 100
大竹剛　134, 136, 138

P
Porter, M. E.　56-58, 62, 63, 65, 99

S
榊博文　16
桜井敬三　42, 43, 45, 46
Salsberg, B.　130, 131
関根健次　32

瀬戸久美子　21, 28, 130, 133, 155
Shane, S. A.　120
柴田克己　110
篠原匡　21, 28, 155
白石和弘　31
白壁達久　21, 28, 155
孫正義　149
Spoelstra, J.　94
杉山大志　31

T
多田和市　i
高村太朗　82
竹之内秀行　80
田中信彦　116
田中陽　94
谷奈々　143
谷口徹也　42, 79
手塚正　82
Thill, J. V.　9, 20, 57, 121, 123
冨澤龍一　5
冨山和彦　144, 145

U
上野貴弘　31
上阪徹　129, 131, 132, 136
海野みづえ　88

W
Wheelen, T. L.　88-93

Y
矢口竜太郎　119
山地憲治　37
山川龍雄　131, 139
Yamaoka, K.　29
山根小雪　61
山下洋一　19
安田佳生　27
吉田茂人　93

【著者紹介】
近藤久美子（こんどう　くみこ）
大阪大学准教授
キャンパスライフ支援センター（キャリア支援ユニット）
Boston University College of Communication（2000）卒業
大阪大学大学院国際公共政策研究科博士前期課程修了
京都大学大学院地球環境学舎博士後期課程修了
博士（地球環境学）（2006）

主要論文・著書
"Fast Retailing's Creating Shared Value（CSV）Initiatives." *CaseBase 2: Case Studies in Global Business.* Gale, Cengage Learning. June, 2012.
"Energy and Exergy Utilization Efficiencies in the Japanese Residential/Commercial Sectors." *Energy Policy* 37. September, 2009.
"Economic Analysis of Water Resources in Japan—Using Factor Decomposition Analysis based on Input-Output Tables." *Environmental Economics and Policy Studies* 7(2). July, 2005.　他

企業のコミュニケーション能力
仕事は単語，キャリアは言語，CSR と CSV は文法

2013 年 7 月 30 日　初版第 1 刷発行　　（定価はカヴァーに表示してあります）

著　者　近藤久美子
発行者　中西　健夫
発行所　株式会社ナカニシヤ出版
〒606-8161　京都市左京区一乗寺木ノ本町 15 番地
Telephone　075-723-0111
Facsimile　075-723-0095
Website　http://www.nakanishiya.co.jp/
E-mail　iihon-ippai@nakanishiya.co.jp
郵便振替　01030-0-13128

装幀＝白沢　正／印刷＝創栄図書印刷／製本＝兼文堂
Copyright © 2013 by K. Kondo
Printed in Japan.
ISBN978-4-7795-0780-9　C3034

お断り：本書に記載されている個々の企業名は——正式名称としては株式会社等が付され，商標登録がなされている名称ですが——社会一般に呼称されている名称を用いています。また ® や TR も省略しております。同じく個々の商品名は商標登録等がなされておりますが，本書中では ® や TR を省略しております。

本書のコピー，スキャン，デジタル化等の無断複製は著作権法上での例外を除き禁じられています。本書を代行業者等の第三者に依頼してスキャンやデジタル化することはたとえ個人や家庭内の利用であっても著作権法上認められておりません。

キャリアデザイン支援と職業学習
生駒俊樹・梅澤　正 著

進路選択のミスマッチはなぜ起こるのか？　自己理解に偏りがちな現在のキャリア教育に至った歴史的経緯を詳細に分析し，「職業学習」「社会理解」の重要性およびその具体的な内容を解説。「職業」とは何かを学び，豊かな人生を送ろう。

A5判 260頁 2500円

グローバルキャリア教育
グローバル人材の育成

友松篤信 編

海外で活躍する人材を育成するためのキャリア教育とは？　グローバルに活躍できる人材に必要な能力はグローバルマインド――その教育育成のためのテキスト。具体的な実践例やノウハウ・考え方も豊富に掲載。

B5判 200頁 2500円

女性プロフェッショナルたちから学ぶキャリア形成
キャリア転機の見つけ方と活かし方

渡辺三枝子・永井裕久 編

彼女たちはなぜ，困難に直面しながらも，生き生きと独創的な生き方ができるのか？　雇用形態の多様化など多くの変化が予想される新たな時代でも，いかに自分らしい生き方の構築ができるのか，7人のライフストーリーから探る。

A5判 208頁 2500円

大学生のためのデザイニング・キャリア

渡辺三枝子・五十嵐浩也・田中勝男・高野澤勝美 著

就活生も新入生も，本書のワークにチャレンジすれば，大学生活の宝を活かして，自分の未来がきっと開ける！　大学4年間に丁寧に寄り添うワークが導く，いつだって遅くない，自分の人生と向き合う思索のススメ。

B5判 132頁 2000円

キャリア開発の産業組織心理学ワークブック

石橋里美 著

自立，動機づけ，リーダーシップ，ストレス，キャリアを軸に，産業組織心理学の知見による，社会人として生きていくために必要な知識をワークを取り入れながら解説。自分で考え体験することによって現実生活での対応を可能にする。

B5判 178頁 2400円

仕事マンガ！
52作品から学ぶキャリアデザイン

梅崎　修 著

マンガこそ僕たちの仕事体験の場だ！　主人公たちの仕事経験を体感することから，自分の人生を自分でデザインするためのヒントを掴もう！

A5判 268頁 2200円

表示の価格は本体価格です。